JN440015

향기는 바람에 섞이지 않는다

이운순

경기 포천출생

- 문인권익옹호위원
- 한국방송대 국문과 졸업
- 2008 계간 『에세이문예』수필등단
- 본격수필 에사모 이사,
- 사) 한국문인협회 회원
- 사) 한국수필가협회 회원
- 정독수필, 달포회 청향문학회 회원
- 제4회 청향문학상 대상
- 15회 에세이작가상,
- 제8회 본격수필토론회 대상작가
- 송우초등학교 100주년 기념사업회 기념집 발간위원

수필집

『비타민이 열리는 나무』 해드림출판사 2016

『향기는 바람에 섞이지 않는다』 해드림출판사 2020

향기는 바람에 섞이지 않는다

초판 1쇄 인쇄 | 2020년 06월 10일

지은이 | 이운순

펴낸이 | 이승훈

펴낸곳 | 해드림출판사

주 소 | 서울 영등포구 경인로82길 3-4(문래동1가 39)
센터플러스빌딩 1004호(07371)

전 화 | 02-2612-5552

팩 스 | 02-2688-5568

E-mail | jlee5059@hanmail.net

등록번호 제2013-000076

등록일자 2008년 9월 29일

ISBN 979-11-5634-409-4

* 본 수필집의 출판비용은 경기문화재단 문예진흥기금으로 이루어졌습니다.

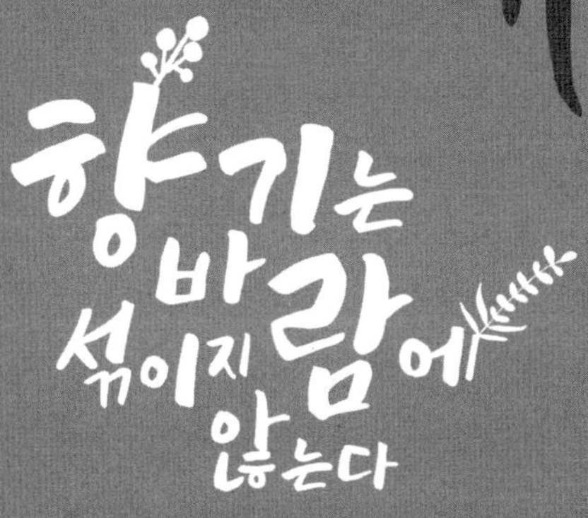

이운순 수필집

해드림출판사

2집을 펴내며

이웃들이 간직한 다양한 빛깔과 향기를 담아내려

육십 년 전 어느 추운 겨울날, 가난한 선비요 가난한 농부의 아내가 늦은 출산을 하였습니다. 그 작은 아이가 인생 한 바퀴를 돌고 새로 한 살이 되었습니다. 미성숙한 정신세계로 살아가지만 물리적 세월은 비껴가지 않습니다. 거울을 볼 때도 산을 오를 때도, 달아난 기억을 만날 때도 멀리 떠나온 세월을 봅니다. 어김없이 겨울이 가고 새봄이 왔습니다. 새로운 꿈을 꾸는 행복에 취해봅니다.

첫 졸저 『비타민이 열리는 나무』 이후 벌써 4년이란 시간이 훌쩍 지났습니다. 빠른 세월만큼이나 빠른 변화는 작품 밖의 상황을 뒤바꿔 놓습니다. 한때 가까웠던 지인이 아픔을 남기고 멀어집니다. 전광석화 같은 시간은 작품 속에 언급된 수녀님이 봉사를 멈추고 평범한 인생을 선택했다고 하고, 집 근처 산업도로를 비껴 고속도로가 새로 생겨나 소음을 잉태한 새벽 풍광을 바꿔 놓았습니다. 빛의 속도 광속으로 변해가는 주변 변화는 거스를 수 없는 난감함으로 머쓱해집니다. 시대 변화에 편승하지 못하는 자신이 부끄럽지만 그것마저도 나의 모습이니 감내하며 묵묵히 걸어갑니다. 도달하지 못한 지점 그 고지가 멀어보일지라도.

'청향문학상 대상'은 첫 저서에 찾아온 행운이었습니다. 영광의 순간은 찰나였지만 감동과 기쁨은 내내 진행형입니다. 그 기운으로 또 하나의 수필집을 욕심내어 봅니다. 소중한 내 주변 이웃들이 살아 숨 쉬는 이야기입니다. 연륜과 필력이 쌓여 사회문제와 현실 세계에 시선을 돌리고 목소리를 내야겠지만 여전히 부족한 나 자신의 한계를 느낍니다. 첫 졸저 발간 이후 '대작가 이외수'의 흐트러진 모습을 닮아갈까 염려하는 친구에게, "어머나! 내가 무슨 전문작가라고, 나는 아직 피라미에 불과해~"하며 생뚱맞은 친구 말에 헛웃음을 지을 뿐, '내일은 또 뭘 해먹어야 하나,' 고민하는 나에게 친구의 기우는 그저 기우일 뿐입니다.

굳어진 문체, 둔감해지는 감성, 그럼에도 식지 않는 수필 사랑으로 오늘을 맞았습니다. 늘 관심과 응원을 보내주는 친구들, 부족한 친구에게 보이는 관심 어린 질책도 나를 성장하게 하는 동력입니다. '걷지도 못하면서 뛰려느냐?'는 생전 어머니 말씀이 떠올라 낮게 숨 고르기를 해 봅니다. 혹여 서툰 솜씨로 얕은 잔재주를 부리는 건 아닌지 반성하며 돌아봅니다. 프랑스 화가 '밀레'는 **'타인을 감동시키려면 먼저 자기 자신이 감동하지 않으면 안 된**

다. 그렇지 못하면 제아무리 우수한 작품일지라도 생명이 길지 못하다.'고 했습니다. 저의 초심 역시나 단 한 사람만이라도 내 글에 공감해준다면 더 이상의 기쁨은 없을 것이라 생각했으니 그 초심은 제 수필 인생의 모토가 분명합니다.

1집에 이어 2집의 서평을 해주신 수필학의 대가, 수필 학명인 권대근 교수님께 고개 숙여 감사함을 전합니다. 주마가편(走馬加鞭)이라던가요, 자칫 느슨해져서 주저앉을까 채찍질해주던 교수님께 두고두고 감사한 마음 지니겠습니다. 귀한 인연으로 늘 응원해주시는 하정 선생님, 청향 선생님, 함께 수학한 서대문과 정독수필 달포회로 이어지는 한 분 한 분 문우님들과 소소한 이 기쁨을 함께 나누겠습니다.

- 2020. 3. 신종 바이러스와의 긴 전쟁 중인 봄,

그럼에도 새로운 시작의 길목에서.

＊ 창작지원금 신청 삼수만에 경기문화재단 경기예술 문예 진흥기금에 선정되었습니다. 선정 통보 메일을 여는 순간 가슴이 터질 것 같아 심장이 멎는 줄 알았습니다. 형언할 수 없는 기쁨에 떨리던 그 순간, 모든 것이 저만을 위해 존재하는 것 같았고 구름 위를 걷는 기분이었습니다. 평생 간직할 행운을 안겨주신 경기 문예진흥팀에 온 마음으로 깊이 감사드립니다. 아울러 부족하고 서툰 글쟁이에게 꿈과 희망을 주고 벅찬 감동을 안겨주신 재단에 한없는 사랑을 전합니다.

'우리 이웃의 이야기입니다. 이웃들이 간직한 다양한 빛깔과 다양한 향기를 나만의 감성으로 담아내려 노력했으며, 메말라 가는 이 시대에 따듯한 감성 한 움큼 독자들과 나누고 싶습니다.' 지원금 신청서에 명시한 문구를 다시 한 번 되뇌며 오늘 이 기쁨을 평생 간직하고 더 좋은 작가가 되는 노력을 게을리하지 않겠습니다. 조금씩 발전하는 작가가 되도록 더욱 정진할 것이며 흐트러지지 않게 마음 또한 다잡겠습니다.

2020. 4. 9. 기쁨으로 설레는 밤.

목차

1부

2부

3부

4부

1부

여치

출장이나 업무반경이 크지 않은 남편은 아무 때고 들어와 '밥'을 찾는 사람이다. 진수성찬도 아니건만 늘 집밥을 고집한다. 맵고 짠 음식을 싫어하니 자극적인 매식 문화를 기피하는 것이리라. 며칠 전 남편은 '밥'을 찾는 대신 불편한 기색을 띠고 들어왔다. 뭔가 마뜩잖은 표정이 역력한데 말을 붙이려다가 행여 불똥이 튈까 묻기를 미뤘다. 기색이 편안할 때 물어보리라 싶었는데 남편이 먼저 입을 뗐다.

남편이 맥 빠져 하는 데는 이유가 있었다. 딱히 출장 일도 없었는지 집 주변 정리를 하고 자재 주문도 하고 분주하게 왔다 갔다 하는데, 중학생 남자아이가 쭈뼛쭈뼛 다가와 집에 갈 차비가 없다며 손을 내밀더란다. 인근 학교 교복이 분명하고 자식 키워본 사람이니 나 몰라라 할 수가 없어 '꼭 집에 가야 한다.' 두 번 세 번 이르고 천 원짜리 몇 장을 쥐어 주었다는 얘기다. 아무리 일밖에 모르는 남편이지만 어찌 세상 돌아가는 일을 모를까. 분명 아침에 학교 간다고 나온 기색 같지 않았지만 '집에 갈 차비'라는 말에 다른 생각할 겨를이 없더란다. 몇 번 당부하고도 꺼림칙해 하는 남편은 깜찍한 아이 연기에 자신이 넘어간 것 같다는 불쾌감을 내비친다. 딱히 아닐 거라는 위로도 하지 못했다.

그 며칠 뒤 남편은 더 심각하고 황당해 하는 얼굴로 들어왔다. 집 앞에서 지인을 만나 인사를 나누는데 일전에 본 학생이 지나가더란다. 놀란 남편이 "니 아직도 집에 안 들어갔나?"하는 진한 경북억양을 내뱉자 놀란 아이가 황급히 길을 건너 반대쪽 길로 도망치듯 가더란다. 그걸 지켜보던 지인이, 수시로 이 앞을 지나는 녀석인데 자신도 한두 번 속은 뒤로는 아예 모른 체가 되더라는 것이다. 아연실색한 남편은 단단히 실망한 눈치다. 제 잇속을 위해 어른을 상대로 감성팔이를 하다니, 얼마나 답답했으면 저리 속상해할까 선부른 위로도 할 수가 없다. 도대체 아이 부모는 아이 행적을 알고는 있을까, 아니면 자유롭게 방목한다는 교육관으로 내버려 두는 걸까. 영 맥빠져 하는 그의 모습이 안타깝다.

어쩌면 아이는 가출청소년이 아닐 수도 있다. 단지 게임에 흠뻑 빠져 금쪽같은 시간을 허비하고 있는지도 모른다. 딱히 술 문화를 즐기는 것 같지 않은 작은 아이가 친구들을 만나고 늦은 귀가를 할 때면 PC방에서 오는 길이라고 했던 기억이 난다. 게임문화를 잘 몰라 "이 늦은 시간까지?"하며 종종 되묻곤 했었다. 사이

보그처럼 눈동자와 손가락만으로 가상세계에 흠뻑 빠진 사람들이 앉은자리에서 식사도 해결한다는 신종문화라고 하지 않는가. 거미줄에 걸린 날벌레처럼 아이는 어쩌다 방황을 하게 된 것일까. PC방의 달콤한 유혹에 빠져 그 황홀경을 맛보려고 아이는 게임 비용 마련을 위해 말간 얼굴로 부모 감성을 자극하고 있는지 모른다. 그리하여 학생 신분도 망각할 만큼 이미 개미지옥 같은 늪에 빠져 헤어나지 못하는 것은 아닌지.

언제나 그렇듯 대화가 길어지면 다툼이 된다. 다른 아이들 다 학교에 있을 시간에 왜 그 아이는 PC방 출입을 하는 것일까. 부모는 그 아이가 학교에 안 가는 것을 알고는 있을까. 또 아이의 결석이 길어지면 학교도 지역지구대도 신경을 써서 아이를 찾고 바른 길로 선도해야 할 의무가 있는 것은 아닌지 의구심은 끝이 없다. 수업 시간대 게임방을 찾는 아이라면 게임방 사장님 또한 아이를 돌려보낼 도의적 책임이 있던 것은 아니었을까. 답답한 현실을 이야기하다 보면 목소리가 격앙되어 여지없이 다툼이 된다. 세상 물정 모르는 아내의 일방적인 기우를 무턱대고 들어줄 남편이 아니다. 학생 본업을 잊게 만든 게임 수렁은 대체 어떤 마력이 있기에 저토록 거리를 헤매게 하는 것일까. 딱하고 답답한 노릇이다.

부지런한 남편은 간혹 고향을 다니러 가거나 지방 출장이 있을 때 말고는 집 앞 골목 청소는 늘 남편 몫이다. 초가을 아침 집 앞 청소를 나갔다가 골목에 나뒹구는 연둣빛 풀벌레를 보았다. 여름 풀밭에서 '찌르르~찌르르~' 울어대는 여치였다. 한로(寒露)가 코앞이니 분명 수명을 다해 가리라. 그렇더라도 미세한 움직임이 남아있으니 해충이거나 아니거나 불쌍한 생각이 들어 골목 끝 풀밭에 옮겨주었다. 옆 세무사 주차장 단풍나무 밑 화단에 살던 녀석일지 모른다. 어쩌다 녀석은 풀잎과 이슬, 꽃향기를 벗어나 자연미 하나 없는 시멘트 바닥을 뒹구는 것일까. 메뚜기목의 독특한 울음을 운다는 여치는 알을 얻기 위해 흙을 찾는다는데 시멘트 바닥을 흙바닥인 줄 오인해서 벌어진 사태였을까, 막연한 심증만 간다. 그 순간 왜 생뚱맞게 남편이 만났다는 그 아이가 떠오른 것일까.

21세기는 분명 개천에서 용이 난다는 시대는 아니다. 세태는 그러하나 지속적인 노력으로 한 우물을 파고 열정이 뒷받침된다면 틀림없이 성공은 하리라. 유명 스포츠선수 못지않은 연봉과 유명세를 떨치는 프로게이머가 분명 존재하니 말이다. 물론 그 아이가 프로게이머가 되지 말란 법도 없다. 그러나 방학 기간 보충수업이라는 상황을 차치하고라도 학교를 이탈하는 것은 결코 바람직한 모습은 아니지 않은가. 그 일이 있고 우리 부부는 그 아이를 다시 입에 올리지 않았다. 나도 그렇지만 남편도 머릿속에서 다 지워내지는 못했을 것이다. 어쩌면 의식적으로 피하고 있는지도 모른다. 설혹 다시 그 아이를 만난다 해도 아무런 영향력을 발휘할 수 없다는 것을 그도 또 나도 너무나 잘 알기에 무관심을 가장한 침묵이었으리라.

이제 그 아이는 남편을 만나도 다시는 손을 내밀지 않으리라. 그럼에도 이 묵직하고 편치 않은 기분은 뭘까. 푸른 꿈을 안고 더 높이 날아올라야 할 청춘이 어둠에 갇혀 위안을 찾는 현실이 너무 아프다. 그 마력으로부터 아이가 벗어날 방법은 없는 걸까. 가을이 깊어지면 여름 풀벌레는 돌아갈 길을 찾게 될 것이다. 길 잃은 어린 새도 따뜻한 둥지로 돌아갈 수 있기를 바라는 마음이다. 답답한 마음이 누그러지지 않는다.

- 2019년 월간문학 603호 수록작

멀미

밤이 두려운 중년을 살아가고 있다. 쉽게 잠들지 못하는 수면장애도 문제지만 갱년기 증후군이 더해져 불면의 밤이 잦은 때문이다. 갱년기 증상, 갑자기 얼굴이 화끈거리고 붉어진다는 안면홍조나 후닥닥 열이 올라 한겨울에도 선풍기 바람을 쏘인다던가 하는 다른 이들에 비해, 표면적으로 잘 드러나지는 않지만 지독한 불면증은 나만의 아킬레스건이 되어 갱년기 증상 중심에 서 있다.

잠 못 이루는 밤, 예전 어른들 말씀처럼 하룻저녁의 기와집 몇 채를 지었다 헐었다 생각의 꼬리는 길기만 하다. 무심히 창밖으로 시선을 던져보지만, 창밖은 또 눈을 어디에다 두어야 할지 모를 만큼 원색적이다. 노래방, 주점, 등 휘황한 불빛이 한낮의 고단한 삶을 위무해준다는 명목으로 지나는 취객의 발길을 붙잡는다. 그 화려한 불빛에 그만 눈을 어디에다 두어야 할지 갈피를 찾지 못해 시선을 거두고 차라리 오지 않는 잠을 청해보려 눈을 감는다. 어디고 다 사람 사는 곳이다. 도심의 밝고 화려한 겉모습에 혹했던 순간이 왜 없었을까. 어쩌면 나도 도심 속의 삶을 동경했던 시절이 분명 있었으리라. 그러나 이제껏 내게 주어진 삶의 언저리에는 언제나 푸른 대자연과 함께였다.

부모님 슬하에서의 스물일곱 해가 그랬고 결혼생활 이후에도 환경은 크게 변하지 않았다. 그러나 시대의 흐름은 전업 농사만을 고집할 수 없는 현실이 되었고 모호해진 도농의 경계에 살고 있다. 주변 곳곳이 시골 마을의 탈을 쓴 산입화 소도시화 되었다. 그렇게 기하급수적으로 불어난 인구는 인근 농지를 잠식해 아파트단지를 건설하고, 그에 준한 교통량의 증가는 또 기존 도로의 증설과 최단 거리를 고려한 고속도로의 신설이 불가피해 누군가를 이렇듯 정든 곳을 떠나오게 했다. 지난 일 년, 지극히 원초적이고 소박한 전원생활의 연장은 이미 물 건너가고 아직도 낯선 곳에서의 하루하루가 어색하고 낯설다. 이젠 내가 이곳에 스며들어야 한다는 것을 너무 잘 알기에 또 다른 의미를 찾으려 애쓴다.

병의원은 물론 관공서 각종 편의시설, 무엇보다 버스정류장이 바로 코앞이니 소위 남들이 부러워하는 역세권이다. 하지만 무거운 시장바구니를 들고 버스를, 택시를 기다리지 않아도 되는 이 현실이 무턱대고 좋지만은 않으니 참 모를 일이다. 현관 밖을 몇 걸음 나가면 텃밭이 있어, 파도 뽑고 고추 가지도 따던 이전 집과는 사뭇 다른 이 현실이 나는 왜 아직도 이리 서툰 걸까. 태어나면서부터 사방이 트인 자연에서 나고 자라 반백이 넘도록 텃밭 가꾸며 살아왔다. 이제껏 봄이면 어김없이 파릇파릇한 새싹이 돋고 개구리 울음소리와 함께 살찌우던 들판, 강렬한 햇살과 비와 바람에 의해 황금 들녘으로 결실을 맺는다. 고단한 농부를 미소 짓게 했던 자연의 순환 속에서 우리 윗세대가 그랬던 것처럼 자연과 동화되어 살아가는 진리와 함께 살고 싶은 소박한 꿈은 실현 불가능한 바람이 되었다.

현실이 되지 못한 나의 이상은 이제 묵은 일기장, 빛바랜 사진 속에나 남아있을 뿐이다. 다소 촌스럽고 뭔가 어정쩡한 나는 예전부터 서울 나들이를 하려면 밤새 가위에 눌리고 집을 나서기도 전에 벌써 멀미를 시작했다. 눈이 핑핑 돌 것 같은 도시는 자칫 나를 삼켜버리지 않을까 정신을 바짝 차려야 했다. 낯선 길을 나서자면 어디에서 어떻게 차편을 이용하고 또 다른 구역에서 갈아타고 목적지에 닿기까지를 체크하고 암기하다 보면 밤새 그 걱정으로 잠을 설치게 되니 숙면은 가당치도 않다. 나는 왜 이렇게 도심이 낯설고 불편한 걸까, 이 생활에 쉽게 동화도 순화도 되지 못하고 어눌하게 세상을 살아가는 내가 때로 한심스럽다.

지금껏 살아온 삶이 최상인 듯 살아온 긴 시간, 새로운 것을 받아들이지 못하는 나의 유아적 사고가 문제였지만 나름 출구를 찾았다. '도시의 밤은 낮보다 아름답다'고 누군가 말했지만, 그 못지않은 새벽의 또 다른 얼굴을 나는 이즈음 좋아하기 시작했다. 삼라만상이 모두 잠든 이 고요를 뚫고 집채만 한 트레일러부터 짐을 실은 트럭, 먼 거리 출퇴근하는 차들이 새벽의 고요를 벗어나 굉음을 토해내며 곧게 뻗은 산업도로를 달린다. 모두가 단잠에 빠져있는 시간, 졸린 눈 비비고 나와 핸들을 잡았을 저들과 따듯한 식탁으로 가장의 단잠을 깨우고 잘 다녀오라고 배웅했을 저들의 아내를 나는 경외한다. 아이의 등록금을 위해, 조금 더 큰 집으로 옮겨갈 그 날을 위해, 자신의 피로회복을 위한 한 잔술을 위해, 온 가족의 행복한 그 시간을 위해 저들은 새벽을 달리고 있으리라.

무미건조한 일상 속에서 또 다른 삶의 의미를 찾는다. 간밤, 한 잔술로 거나해진 취객이 휘적대며 걷던 그 길을, 근처 볼링장에서 건강한 땀을 흘리고 쏟아져 나온 젊은 무리에 왁자한 소음과 건강한 웃음이 나를 미소 짓게 한다. 이 요란한 거리는 내일 아침이면 또 언제 그랬냐 하듯 시치미를 뗄 것이다. 이웃집 옥상, 오래전 아이들의 욕조였을 고무통, 스티로폼 박스에서 자라는 고추, 상추, 토마토의 정겨운 그림에서도, 펜스를 타고 조랑조랑 매달린 울타리 강낭콩, 관상용으로 키우는 덩굴장미도, 흙 한 줌으로부터 얻어지는 저들의 작은 행복을 바라보며 나는 오랜 고질병과도 같은 도시 멀미를 조금씩 눙쳐본다.

- 2017년 1월 문학신문

부음

무심했던 지난 유월 초 어느 날 문자 부음을 한 통 받았다. 부고를 종종 받긴 하지만 소속단체의 총무 혹은 사무국장이 소속원의 직계 가족의 부음을 전달하는 역할이 대부분인데 반해 오늘 문자는 불특정 다수에게 내 어머니를 기억하시냐고, 어머니의 주검 앞에 자신들이 한 번도 본 적 없고 이름도 생소했을 사람들을 향해 어머니의 부음을 알리고 있었다.

'000 씨의 자녀입니다. 혹시 서운해 하실 분이 계실지 몰라 문자 보냅니다. 어머니께서 0월 0일 갑작스럽게 별세하셨습니다.' 그리고 그 아래 장례식장의 주소와 발인 일 시, 또 혹시 모를 반응을 예상해 '불편하셨다면 죄송합니다.'라는 문장으로 끝을 맺고 있다. 가까운 일가친척의 얼굴도 모르고 사는 세상이니 어머니의 지인들올 다 알 리 없다. 어머니의 마지막 가는 길을 함께 배웅할 누군가를 찾는 일은, 유자녀의 생각일 수도 있고, 시대를 고려한 상조회의 신풍속도인지도 모른다. 더구나 준비 없는 이별일 경우 더더욱 핸드폰 저장고를 의지할 수밖에 없으리라. 나는 그들 어머니의 죽음을 예상하지는 않았지만 부음이 생소하지는 않았다. 물론 문자 확인을 하고 잠시 놀라 호흡을 가다듬기도 문자를 다시 열어 확인도 했지만 언 듯, 찰나의 스치는 생각에도 그녀를 주검으로 몰고 간 마지막 몸 상태를 어쩌면 가늠할 것 같기도 했다. 그녀의 마지막 생, 어디쯤에서 그녀를 만나고 짧은 인연이 닿아 부음을 받게 된 오늘, 그녀를 회상하고 명복을 비는 것으로 문상을 대신에 하리라 마음먹는다.

내가 그녀와 처음 만난 곳은 인생을 절반쯤 살아온 중년들이 늦은 공부를 위해 찾은 작은 학원에서였다. 둘 다 11학번을 위해 갔으니 2010년 여름 언저리였을 것이다. 그녀를 처음 보았을 때는 여름에도 긴 팔 옷을 고집해야만 하는 깊은 내막도 간파하지 못했다. 긴 시간을 보내고 계절이 바뀔 즈음 그녀는 자신의 이야기를 들려주었다. 작은 가게를 운영하던 그녀가 가족과 떨어져 가게 쪽방에서 홀로 잠을 자던 어느 해 여름밤, 화재로 인한 가스폭발로 가게는 온통 불바다가 되어 화염에 싸였단다. 민소매 차림으로 잠이 들었다가 이상기류, 혹은 뜨거운 화기 때문에 눈을 뜬 그녀는 이미 불구덩이가 된 곳에서 빠져나올 생각도 못 한 채 여자로서의 자존감 때문일까, 무릎을 세우고 웅크리고 앉은 자세에서 머리를 무릎 사이에 묻고 죽음을 기다렸다고 했다. 다행히 구조는 되었으나 등과 팔다리 바깥쪽은 심한 화상으로 인해 해(年)

를 넘기는 긴 시간을 병원에서 보냈다고 했다. 수없이 수술대에 오르내리면서 차라리 죽음을 생각할 정도로 힘겨워할 때 주위에 누군가 괴로움을 달래는 건 담배밖에 없더라는 회유에 지금의 끽연가가 됐다고 고백한다. 그 가녀린 몸으로 거친 화마를 이겨낸 인간승리의 표본을 보는 듯했다.

그녀의 불행은 거기서 그치지 않아 화상의 후유증이었는지, 치료과정의 부작용 때문인지, 간 기능마저 최악으로 치달아 죽음을 목전에 두었단다. 그녀를 살리는 방법은 간 이식밖에 없었고, 마침 그녀의 분신인 아들과의 적합 판정으로 간이식을 받고 이렇듯 새 삶을 살고 있노라고 했다. 그 귀하게 얻은 새 인생을 알차게 쓰고 싶어 가장 낮고 가장 힘겨운 서민들의 친구 사회복지사를 목표로 그녀는 학원을 찾았고, 나 또한 늦은 공부를 해야겠다는 결의가 기저에 깔렸겠지만, 중년의 무료함을 더해 찾은 학원에서 그렇게 만났다. 갱년기 여러 증후군이 심신을 퇴화시킬 것이라는 내부 세력에 맞서려는 깜찍한 발상의 발로였다. 동갑내기라는 공통점과 늦공부를 하겠다는 공통분모가 더해져 깍쟁이 같던 그녀와 친구가 되었다.

수개월을 한 공간에서 매일 얼굴을 보니 자연히 가랑비에 옷 젖듯 가까워지고 사회생활에 미숙한 나를 언니처럼 이끌어주기도 했다. 특히 컴퓨터에 미숙한 내게 전혀 겁먹을 거 없다면서 차근차근 일러주던 그녀에게 반한 것은 블로그를 가득 채운 아름다운 그녀의 詩였다. 다작을 하는 그녀는 적어도 이삼일에 한 편씩 새 시가 올라오곤 했는데, 아마도 새 생명을 얻고 나서 세상을 아름답게 바라보는 시선과 살아 움직일 수 있다는 생명의 환희를 풍부한 감성으로 매일 쏟아붓고 있었다. 또 소녀 감성의 갖가지 그림이나 풍경, 아름다운 배경의 꽃 편지지 같은 화면과 온통 아름다운 시어가 살아 움직이는 그의 작업장을 나는 아주 조금은 시샘했을 것이다.

그녀와 나는 서로의 갈 길이 달랐다. 그녀는 당시 전문대 사회복지학과를 목표로, 나는 집 근처 학교 문예창작과를 염두에 두었다가, 방송대 국문과로 목표를 선회하고 준비 중이던 때라 학원 생활을 마무리하면서 만남도 뜸해지고 블로그 방문도 줄어들었다. 그러나 아주 가끔은 안부 게시판에 근황을 묻고 가거나, 보고 싶다고 채근하는 문자를 놓고 가 그의 존재를 일깨워 주기도 했다. 그녀와의 첫 만남 첫 느낌은 화상 자국을 가리기 위한 계절을 무시한 긴 팔 차림과 쉰 넘은 나이에도 찰랑찰랑한 긴 생머리와 새침한 모습이 다였다. 유독가스와 연기를 삼키고 살아남은 후유증 때문일까, 그리 건강해 보이지는 않았지만, 노트필기만은 깔끔했다. 거기다 詩와 隨筆이라는 문학 테두리 안에서 같은 길을 가니 더 가까워졌으리라.

그렇게 여러 해 동안 소식을 주고받던 그녀의 부음이기에 나는 잠시 망연했다. 이렇게 되도록 소식을 끊고 지낸 반년이 넘는 틈이 왠지 더 안타까워 나를 책망하고 또 책망했다. 굳이 변명하자면 3학년에 접어들면서부터 더욱 심화된 국문학사며, 중세국어니, 고전시가니 하는 생소한 학문과 전 학년까지 나의 흥미를 유발하던 교양과목까지 점점 버거워져 직장과 살림, 학교 공부 외에 다른 곳은 눈길을 두지 못한 탓도 한몫했다. 한때는 그녀를 생각하며 〈오, 혜린〉이라는 시를 만들고, 서로의 가는 길을 응원하던 사이가 아니었나. 그녀와의 어긋난 인연의 흔적이 2012, 7월 저장된 시에서 보듯 한때는 퍽 애틋하게 생각했던 적이 있었다는 사실이다.

휘청휘청 걷는 것도 안타깝다 / 거 밥 좀 먹고 살 좀 쪄! / 짐짓 언니처럼 추달하지만 / 혜린은 언제나 내게 언니처럼 군다// 도대체 글 주머니는 어디다 감춘 거야? / 가녀린 그녀의 몸속 어디에 그런 시심이 솟아나고 / 맑은 시어들은 대체 어디에 숨어 있는 걸까, / 질문은 항상 내가 하고 / 그녀의 대답은 들 수 없다.// (이하생략)

시를 따로 공부를 하지 않았으니, 詩라고 하기보다는 그저 내 마음을 함축해서 나열하는 정도였다. 그리고 그녀는 단기대학을 졸업했고 나는 남은 학업에 치중해야 했다. 그 이상의 인연이 주춤한 이유다. 그리고 어느 날인가 직장인이 되었다며 연수원의 밤 풍경을 상내로 '연수 중'이라는 설명을 붙은 사진을 보내와 나를 놀라게 했다. 직원채용의 연령 기준을 자세히 모르지만, 그녀가 나와 동갑인 이상 그녀도 이미 오십을 넘은 지 수년인데 갖은 어려움을 이겨내고 목표를 이뤄낸 것에 흔쾌히 박수를 쳐 주고 맘껏 축하해 주었던 기억이다.

블로그에서 스마트폰으로 옮겨 가끔 서로의 근황을 들을 뿐이었다. 오늘 부음을 받고 그녀와의 추억을 더듬어보니 주로 그녀의 방문과 댓글이 먼저였으며 나는 그녀의 방문에 대답해 주는 형식이었다. 문득 적극적이지 못한 내 성격에 화가 난다. 그녀는, 화상 후유증으로 혹은 다른 합병증으로 유명을 달리했을 수도 있다. 자신의 분신에서 받은 간이식으로 10년 가까이 새 인생을 살았으니 가족들은 혹시 조금씩 아주 조심스레 이별을 준비해 왔을 수도 있고, 어쩌면 안심하고 방심하다 황망하게 그녀의 손을 놓쳤을 수도 있다. 나는 그녀의 빈소를 찾아 생전 처음 보는 유가족의 손을 잡고 얼마나 슬프시냐고 뻔한 위로의 말을 전할 용기를 접었다. 빈소 문상은 가는 대신 조용히 그녀와의 기억을 떠올리며 회상하는 것으로 그녀를 추모하고 명복을 빌리라.

유자녀들은 어머니의 주검 앞에서 어머니의 핸드폰을 열어 어머니 지인들을 찾았을 것이다. 그리고 자신들 어머니가 쉰여덟 해를 얼마나 치열하게 살다 갔는지 핸드폰에 남아있는 많은 인맥에 놀랐을 것이다. 물론 유자녀들은 어머니가 어떤 취미와 어떤 사람들을 만나고 있었는지 유형을 꿰었을 수도 있지만, 갑작스러운 이별로 알게 된 어머니의 역사와 시간을 재조명하는 일은 또 아픈 시간이 아니었을까. 내 졸시의 시어처럼 그녀의 대답은 이제 종래 들을 수 없음을 알기에 더 가슴이 저리다.

'이보소! 너무 무심한 것 아냐,' 그녀의 흔적을 찾다 발견한 문구에 울컥 목이 멘다.

- 2016 가을

잊힌 사람

까만 세단 옆 한 남자가 내가 다가가기를 기다리는 것 같다. 얼굴 윤곽이 보일 만큼 가깝게 되자 말을 붙여온다. '저기, 여기가 5지역인가요?' 공원묘역 관계자도 아니고, 묘역에 대해 알 리가 없는 등산객에게 물어오니 당황스럽다. '저는 등산객인데요. 사무실을 가시면 잘 안내해주지 않을까요.' 줄지어 선, 묘지 아래 5지역이라는 대리석 푯말 앞에서 남자는 갈 곳을 찾지 못해 서성인다. 강한 의문부호가 붙지만 물어보기도 난감하다.

무슨 까닭일까. 공원묘원 사무실이 오던 길목에 있는데 남자는 왜 그곳을 그냥 비켜왔을까. 묘역관리비가 많이 밀렸으리라는 건 그냥 해본 생각이 아니다. 묘를 찾지 못하면서도 사무실을 갈 생각을 안 하는 그가 딱하게 보여 추론해보지만 검은 세단도 그의 차림도 말쑥하니 더욱더 의문이다. 묘역 간의 작은 둔덕을 지나 몇 걸음 옮기다가 나는 묘비 오른쪽 하단에 고유 숫자를 발견했다. 뒤로 다시 돌아가 남자에게 '이쪽에도 5지역이라는 표시가 되어있는데요. 묘비 하단에 고유 숫자 앞자리가 모두 5로 시작되는 걸로 봐서 그럴 것 같네요.' 벌써 길 아래쪽으로 내려가 묘비를 훑고 있던 남자가 고맙다며 고개를 끄덕인다. 다시 돌아서 내 길을 가지만 궁금증이 요동친다. 그가 찾는 이는 누구일까. 아내일까, 친구일까, 설마, 설마 부모님은 아니겠지.

남자를 뒤로하고 걸음을 다시 떼지만 몇 번을 돌아보게 한다. 봉문을 찾지 못하고 헤매는 저 남자는 봉분의 주인을 얼마쯤이나 찾지 않은 걸까. 어떤 사연이기에 가물가물한 기억을 더듬어 찾고 있는 건지 난삽한 의문이 가시지 않는다. 부모님을 모셔두고 이리 오래 찾지 않은 불효자는 아니겠지. 어쩌면 앞서 떠난 과거의 여인을 찾으러 왔을까, 그도 아니면 교우 지정을 나누던 친구를 찾고 있는 것일까, 세 경우가 아니라면 또 무슨 사연인 걸까. 묘역을 서성이는 남자의 사연이 못내 궁금하다. 이별의 설운 날들이 지나고 무뎌진 그리움에 기억을 더듬어 찾아온 그리운 이의 묘역, 급속하게 비대해진 공원묘지를 상대로 기억을 더듬는 그의 가슴에 회한의 눈물이 흐를까.

우리 지역은 봄 가뭄이 심한 지역이다. 그 때문인지 새로 만든 묘역에는 새로운 장치가 생겨났다. 짧은 봄 긴 가뭄으로 잔디가 잘 살지 못할까 봐 새로 만들어진 묘는 그늘막이 설치되었다. 같은 모양이 아닌 걸로 봐서 관리사무소가 아닌 망인의 가족들 손길이 분명하다. 뿌리를 내리고 파랗게 잔디가 자라나면 거두어지리라. 차를 세워두고 분무기를 들고 물을 나르는 이들을 볼 때면 가족들 정성에 새 잔디가 파랗게 자라는 상상을 해본다. 아버지를 여의고 그해 겨울, 민머리 같은 선친의 봉분 위에 덮인 눈을 쓸어드리러 선영을 오르내리던 오라비가 생각난다. 죽음도 끊지 못할 그 질긴 인연, 이승에서의 인연은 시간이 아니면 끊을 수 없다. 그 아픔을 삭이기에는 세월밖에 더 기댈 곳이 없지 않을까.

지난 기억을 부여안고 울어도 보고, 잊지 않으려 애를 써 봐도 시간은 자꾸만 잊으라, 잊어버리라 떠민다. '그리움도 힘이 된다.'는 말은 상실의 아픔을 견디려는 자전적 치료의 몸부림이다. 얼마나 그립고 아프면 목까지 차오른 슬픔을 세월에 기대어 무디어라, 무디어지라고 주문을 걸까, 바래진 사랑도 무딘 그리움도 모두 사랑이다. 그 무디어진 사랑의 흔적을 찾아 헤매는 이가 내내 마음에 걸린다. 물론 하산 길에는 남자를 보지 못했다. 그는 찾고 있는 사람을 만났을까. 찾았다면 어렵게 찾은 옛사람에게 늦어진 이유를 말하고 헤매던 사연도 이야기했을까. 옛사랑은 그만 윙토라져 돌아누운 건 아닌지, 그나마 5지역을 잊지 않고 그 앞에서 서성였다는 것에 그나마 용서를 해 주었을지도 모른다.

오래된 봉분은 토양 탓일까, 잔디가 뿌리를 내리지 못해 흙이 드러나 흉하다. 마치 중년 남자의 벗어진 머리처럼 보기 딱하다. 관리비가 밀렸을까 가족들의 무관심일까. 저 봉분도 어쩌면 세월과 함께 데면데면해진 시간의 흔적만 같다. 오래된 묘지와는 상대적으로 그 흔적이 화려하다. 선덕여왕의 설화를 품은 목단이며, 탐스러운 수국, 사철 향기가 날릴 것만 같은 하양, 노랑 국화며 앙증맞은 소국 다발이 풍성한 조화에 비해, 어쩌다 보이는 생화 다발이 외려 흉물로 말라비틀어져 애처롭다. 그리운 이에게 바치려 향기를 머금은 생화 꽃다발을 안고 오지만 종이처럼 가벼워진 마른 다발로 내던져진다. 사철 대리석 화분에 꽂힌 조화가 꽃동산을 이루게 된 사연일 것이다.

죽음은 생사의 갈림길이 분명하니 이별은 불문가지다. 아무리 애틋하고 진정한 사랑을 했대도 영원할 수는 없는 것이다. 그 상실의 아픔과 추억을 맞바꾸었을 때 비로소 진정한 이별을 한다. 누구나 가는 길을 조금 앞서간 것뿐이다. 살아생전 영화를 뒤로하고 한 평 남짓한 공원묘원에 누운 이들은 亡人이라 슬플까, 세월 따라 잊힌 忘人이라 더 슬플까.

- 2019 여름

푸르고 아름다운 청년 동주

삼월 열흘째 날, 조심스러운 봄빛 햇살을 받으며 아름다운 청년 동주를 만나러 갑니다. 하늘을 사랑했고 별을 사랑한 청년 동주의 흔적을 찾아 시린 겨울을 비껴낸 새봄 바람의 언덕을 오릅니다. 창의문로 119, 시인의 언덕 작은 문학관에서 그렇게 나는 푸른 청춘 동주를 만났습니다. 이십칠 년 삼 개월, 유리 벽면을 사이에 두고 짧은 당신의 삶과 마주했습니다. 색 바랜 육필원고들과 유고시집, 당신의 많지 않은 흔적이 아프게 와 닿습니다. 저쪽 유리벽 너머에는 까까머리 동주도 있었고, 시대의 아픔으로 고뇌하는 청년 동주도 있었습니다.

옆으로 비껴 나 있는 쪽문 뒤에는 열린 우물이 있습니다. '산모퉁이를 돌아 논가 외딴 우물' 같은 열린 우물에서 하늘을 봅니다. **'우물 속에는 달이 밝고 구름이 흐르고 하늘이 펼치고 파아란 바람이 불고 가을이 있고 추억처럼 사나이가 있습니다.'** 당신이 보앉을 우물의 비친 하늘과 지금 여기 '우물 안'에서 내가 올려다보는 하늘은 물 흐르듯 시간을 지나 세기가 바뀐 하늘입니다. 그러나 우물에 비친 추억 속에 사나이는 지금도 이곳에 있었습니다. 빼앗긴 조국에 항거하고 냉철한 이성으로 지켜온 당신의 조국애, 그 애국의 심상으로 시대를 아파한 청년이 있었습니다. 그대의 시어처럼 아니, 그대로 인하여 우리의 청춘 한 자락도 별을 헤어보고 시리도록 푸른 하늘을 보며 눈물짓고 아파하던 한때가 있었습니다. 명동촌, 북간도, 용정의 찬 기운처럼, 겨울을 막 떠나보낸 삼월 초의 우물 안 한기가 그 가을날처럼 서늘합니다.

닫힌 우물에도 당신을 있었습니다. 짙은 사색과 고뇌의 찬 파릇한 청년의 생애가 '수도 가압장' 물 얼룩진 벽면에 흑백 영상으로 피어납니다. 조선을 사랑한 청년, 흰 두루마기를 즐겨 입었고 한글로 시를 쓰던 청년 동주가 거기에 있었습니다. 하오리 유카다를 걸치고 창씨개명을 하고 왜 나라말로 말하는 내 동포가 부끄러웠던 청년이 그곳에 있었습니다. **'죽는 날까지 하늘을 우러러 한 점 부끄럼 없기를 잎새에 이는 바람에도 나는 괴로워했다'** 고 하신 당신, 나라를 빼앗길 지경에 이르게 한 조선말의 기득권을 향한 부끄러움이었을까요. 부끄러운 줄 모르고 지배자에게 동화되어가는 동포들이 안타까웠던 걸까요. 아니, 어쩌면 그 모습을 그저 바라보기만 해야 하는 자신이 부끄러웠던 것은 아니었을까 그리 여겨집니다. 그리하여 우리들 모두는 서시를 음미하는 순간이나마 하늘 거울에 자신을 비추이며 부끄러움을 배워갑니다.

님 떠나신 지 일흔두 해, 우리는 그대가 남기신 유고시집을 가슴에 안았습니다. 그리하여 우리 모두는 검푸른 밤하늘을 보았으며 한낮의 총총한 별무리도 볼 수 있었습니다. 그것은 그대가 바람과 하늘과 별과 시를 노래했기에 언제까지나 그대를 추억하고 그리워할 수 있음입니다. 대학노트를 끼고 늙은 교수의 강의를 들으러 가는 청년시인, 시인이란 슬픈 천명이라고 했던 그대가 '쉽게 쓰여 진 시'를 부끄러워했듯 우리는 지금 혼탁한 이 세상을 한없이 부끄러워합니다. 지금이라도 대동강 물로 국을 끓이고, 평안도 쌀로 밥을 짓고, 저 아랫녘 순창의 찹쌀고추장을 밥상 위에 올려 마주 앉을 수 있다면 얼마나 행복할까요. 황홀하고도 꿈같은 상상을 합니다. 빼앗긴 조국이 서럽고도 암울했지만, 희망을 놓지 않았을 테지요.

우리말과 우리글로 애써 시를 짓고 흰 두루마기를 즐겨 입었다는 일화는 참으로 큰 울림을 줍니다. 나라 사랑의 길은 우리가 밥을 먹는 것과 같고, 살아 숨 쉬는 것과 같으리라는 일깨움을 주었습니다. 그리고 조국광복을 위해 힘을 길러야 한다며 떠난 일본 유학길, 그러나 '육첩방은 남의 나라'에서 급기야 영어의 몸이 되시었습니다. 후쿠오카 형무소에서의 긴 수감생활, 끝내는 순절하시기까지의 짧은 생애, 영면에 드신 지 삶의 몇 배나 흘러도 그 정신, 숨결, 아름다운 시는 우리에게 큰 족적으로 남아 영원한 빛을 발하고 있습니다. 파랗게 날 선 당신의 감성과 애써 지켜내려 했던 우리의 말과 우리글을 사랑한 아름다운 청년 당신을 사랑합니다. 그 아름다운 정신은 21세기의 혼탁한 현실에도 살아 숨 쉽니다.

문득 내 두 볼이 간지러운 까닭은 뜨거운 액체가 턱까지 흘러내린 탓이요, 가슴이 먹먹해지는 까닭은 당신이 지켜내고자 했던 우리말과 우리글의 급격한 경외감으로 전율이 일기 때문입니다. '목숨과 바꾼 조선어와 시인' 그는 별을 사랑한 청년이었으며, 죽어가는 모든 것을 사랑한 청년 동주였습니다. 치욕스럽고 지옥같던 36년 세월이 우리에게 모든 것을 다 빼앗아 간 건 아니었습니다. '험한 세상에 아름다운 시를 남긴 천재 시인 윤동주'가 우리에겐 있었습니다. 많은 학자들과 당신을 추앙하는 수많은 평자들이 쏟아낸 논문과 평전들이 당신을 기리고 추억합니다. '윤동주 이후 우리 모두는 가슴에 시 한 편 가졌다'고 말하는 소강석 시인은 윤동주 탄생 100주년에 맞춰 윤동주의 내면으로 들어가 당신이 못다 한 이야기를 시로 읊었노라 말합니다.

많은 후학들과 연구자들이 아름다운 미사여구를 동원해 당신을 찬미하는 노래를 하고 시를 짓지만, 아무것도 할 수 없는 나는 다만, 이 봄날 뜨거운 눈물 한줄기 쏟아낼 뿐입니다.

- 2017 봄

천국일까, 지옥일까

우리 삶의 영원한 명제 '얼마나 오래 사는가보다 무엇을 어떻게 먹고 사는가.'에 관심이 집중되는 시절이다. 잘 먹고 잘사는 논제가 어디 이즈음만의 일이랴. 크고 때깔 좋은 잘생긴 과실로부터 유기농 참살이 식품으로 전환되는 과정이 그리 오래지 않다. 가족을 위해 내 손으로 푸성귀를 가꾸고 식탁에 올리던 시절을 그리워하게 되니 말이다. 풍족하지 않았어도 어쩌면 그 시절이 더 이상적이었다는 생각은 나만의 소회일까.

몇 해 전, 조카손녀 되는 아이가 불과 초등학교 2학년 나이에 난데없는 이차성징이 보인다기에 놀란 일이 있었다. 아직 어리광이나 부릴 어린 것 가슴에 멍울이 생기는 조짐만으로 혼비백산 놀란 애어미가 병원을 찾고 상담을 하니, 집 안에 있는 플라스틱류의 일회용 용기를 당장 버리고, 계란, 콩나물 같은 유전자 변형 식자재와 간편식 레토르트 제품을 가급적 끊거나 줄이라는 강력한 주의사항을 듣고 왔단다. 일 가진 엄마가 거의 그렇듯 간편식을 이용한 조리 식품이나 인스턴트를 선호했을 것이다. 안일했던 식습관을 전면 바꿔야 한다는 것도 강한 충격이었겠지만, 유전자 조작 유전자 변형 성장 촉진 영양제 등 매체를 통해 막연하게 들었던 용어들이 비수처럼 공격해오는 느낌을 받았으리라.

질녀는 피아노를 전공하고 아이를 가르치는 일을 했었다. 작은 피아노교습소를 운영하다가 접고 학원 피아노 강사, 유치원 보조교사, 안정되지 않은 일들을 전전하다 보니 가족들에게는 간편식이 다반사였을 것이다. 놀란 가슴을 쓸어내리고 손끝 야무진 친정 올케에게 털어놓으니 한걸음에 달려와 집 안에 있던 일회용 용기들을 다 치우고 피해야 할 식단들을 정리해주고 돌아갔단다. 이런 일들은 비단 그 아이만의 고민은 아닐 것이다. 일과 육아를 병행하는 대다수 워킹 맘들이 온전하게 겪는 지우고 싶은 현실이 아닐까. 아이들 몸에 좋지 않은 영향을 주리라는 것을 알면서도 '바쁜 엄마'라는 수식어를 매개로 암묵적인 양해라고 생각했을지도 모른다. 바쁜 일상에 치여 찾던 빈조리 식품들, 완전식품으로 알던 우유며 두부 계란조차도 우리 건강을 위협하고 있었다는 사실은 내게도 충격이었다.

급격한 산업화에 우리 환경은 시나브로 나쁜 쪽으로 변화해 왔다. 현대인의 바쁜 삶은 더없이 풍요로운 일상이지만, 이전에 알지 못하던 질병과 싸우게 되었다. 터부시했던 자연환경에 눈을 돌리고, 유기농과 무공해에 관심을 증폭시키는 이유다. 하나를 얻으면 다른 하나를 잃는다는 정의는 어긋나지 않았다. 한때는 가족들의 풍족한 먹거리와 농산물의 확대 생산을 위해 우리는 농약 살포와 화학비료를 아무런 죄의식 없이 사용했다. 더 많은 생산량은 농가소득과도 직결되었으니 농부에게 화학비료는 신의 선물이라고 생각했으며, 풍요와 발전이 가져다준 변화는 달콤한 꿀이었다. 그 달콤한 꿀을 맛보려고 입맛을 다시다가 달려드는 벌떼를 피하지 못한 우리는 상처투성이가 되었으니 뒤늦게 정신을 차리고, 유기농이다 친환경이다 생산자의 이름표를 붙인 상품을 찾는 것이다.

많지 않은 여행 중에 뉴질랜드가 좀 특별한 기억으로 남는다. 자연 친화적인 그들의 삶과 친환경 농법에 나는 일차적으로 놀랐다. 가는 식당마다 아이 주먹만 한 작은 사과를 씻어 음식들과 나란히 비치해 후식으로 하나씩 집어 껍질째 먹게 했다. 얼마나 청정하고 깨끗한가를 단적으로 보여주는 사례다. 그들은 일류호텔에 쓰일 과일이라고 더 크고 더 빛깔 좋은 것을 생산하려고 노력하지 않았다. 주어진 대로 생긴 대로 식탁 위에 올리는 자연스러움을 택한 것이다. 우리는 어땠을까, 고급 소비자를 위해 더 크고 더 많은 수확을 얻기 위해 화학비료며 농약이며 최상의 상품을 위한 노력을 기울여왔다. 불과 한 세대 전 일이다. 그런 시행착오를 거치고 나서야 바른 먹거리를 찾고 유기농 식재료를 찾아 나선 것이다.

뉴질랜드 여행 내내 가이드는 '세계 어디에도 없는 초 청정국가' 자랑에 침이 마른다. 그의 말대로 뉴질랜드 여행을 마치고 호주로 이동하던 비행기 안에서 본 뉴질랜드 상공의 맑은 대기는 평생 잊을 수 없을 것 같다. 거기다 가이드북이나 그림엽서에서 보았을 법한 한 폭의 명화 같은 목가적 풍경은 또 어떤가, 굳이 슬로시티를 추구하지 않아도 사람들은 여유가 몸에 배어있다. 얕은 울타리로 구획을 나눈 목초지에서는 소나 양떼가 풀을 뜯는다. 평화로운 풍광의 절정이다. 좋은 환경에서 사철 푸른 목초를 먹고 크는 녀석들에게 성장 불균형은 없을 터이다. 좁은 우리의 스트레스도 먹이 경쟁도 없으니 질 좋은 우유며 육류며 세계최상급의 낙농 상품을 자랑하는 뉴질랜드가 되었으니 그들의 생산시스템이 마냥 부러울 뿐이다.

시내를 조금만 벗어나도 대초원이 펼쳐진다. 농부들은 거의 눈에 띄지 않고 점점이 한가롭게 풀을 뜯는 소 떼가 보일 뿐이다. 때때로 만나는 긴 행렬은 유액이 차오른 녀석들이 알아서 착유 장소로 향하는 풍경이란다. 녀석들의 먹이 구조는 한 구획에 풀을 다 먹으면 또 다른 구획으로 옮겨가면 그뿐이다. 녀석들이 먹고 떠난 빈 밭을 트랙터로 갈아엎고 농부는 새 풀씨를 뿌린다. 녀석들의 분뇨가 비료가 될 테니 그다음 생장은 자연의 몫이다. 가이드의 설명을 따라 눈을 돌리니 트랙터가 지나가는 곳마다 새 떼가 따른다. 토양 지킴이인 지렁이를 먹겠다고 덤비드는 광경이란다. 농약 살포가 없는 청정지역임을 확인시켜주는 대목과 가격

안정을 위해 적정 개체 수를 조절한다고 하니 가격 폭등도 가격 폭락도 없을 터였다.

우리 농가들이 떠올랐다. 몇 년 전 한겨울에 구제역이 발생했었다. 의심 지역이 발생하면 그 지역의 많은 소 돼지들이 여지없이 살처분을 당했다. 기억하고 싶지 않지만 말 못 하는 미물이 살아남으려 발버둥을 치던 그 슬픈 광경을 나는 다시는 보고 싶지 않다. 비상사태였던 당시, 구제역 수습단계에서 일역을 담당했던 관계자는 구제역과 맞물린 개체수의 과다, 생산자와 수급자의 불균형까지 겹쳐진 어쩔 수 없던 살처분이었다는 뒤 담화를 들었다. 그야말로 소름 돋는 이야기가 아닌가. 우리는 어찌 이 벌을 다 받으려는 걸까. 또 국가세금으로 보상처리를 해야 했었으니, 인간의 욕심과 행정 미흡이 불러온 참사였다는 생각을 지울 수가 없다. 그들 국가의 실세 부처는 농림부라는 그 말이 새삼 부러워지는 건 왜일까.

문득, '뉴질랜드는 지루한 천국이요 한국은 화려한 지옥'이라는 가이드의 강렬한 비유가 떠오른다. 자연에 순응하면서 자연 친화적인 삶을 살아보자. 개혁과 혁신, 과도한 발전으로 파생된 부작용들과 넘치는 것으로부터 적당한 거리를 두자. 모든 인류의 꿈과 희망, 내 어머니가 그랬듯 할머니가 그랬듯, 조금은 불편하고 막연한 두려움이 있을지라도 작은 것에 만족하며 살아보자. 내 어린 날의 삶이 바로 천국이요 낙원이 아니었던가.

- 2017. 가을

도둑과 장물아비

집 가까이에 오일장 난전으로 장보기를 갔다. 시내로 이사 나오기 전에는 손꼽아 기다리던 장날이다. 냉동, 냉장 진열장 칸칸마다 냉기류를 뿜어내며 온도를 맞추는 크고 작은 마트에 비할까만 장날만큼은 야채도 싱싱하고 생선도 물이 좋아 즐겨 찾는다. 무엇보다 매력적인 덤 문화에 가격흥정이 살아있지 않은가.

'캬, 멋지다 멋져' 평소 입맛이 소박한 남편이 동태찌개의 시원한 국물을 두고 하는 소리다. 대구나 민어, 비싼 매운탕에 비길까만 겨울 무를 삐져 넣고 끓이는 동태찌개는 시원함의 극치다. 재료에 조금 사치를 부려 미더덕이나 바지락 홍합을 넣는다면 별다른 솜씨가 없어도 성공확률은 백 프로다. 거두절미했거나 혹은 안 했거나 콩나물과 미나리를 넣는다면 동태찌개의 화룡점정이다. 맵고 짠 음식을 거부하는 남핀에게는 시원함만으로 그냥 손색없는 일품 찌개다. 국거리가 마땅치 않을 때 찾게 되는 단골 메뉴요 무엇보다 서민 생선이 아닌가. 살아생전 어머니는 그 명태를 두고 '다 먹어봐도 원산 명태가 최고다'라고 할 만큼 원산 명태 참맛을 추억하셨다. 한국전쟁 이전 기억을 마치 어제 일인 양 추억하시니, 만날 수 없는 첫사랑을 그리워함이나 무엇이 다를까.

명태, 동태, 생태, 황태, 북어, 코다리, 노가리 그 이름의 숫자만큼 쓰임도 많은 생선이다. 비린 맛이 약하니 거부감도 적다. 생선 난전에서 차례를 기다리는데 옆에서 흥정을 한다. 명태만큼 쓰임이 많은 오징어를 두고 작은 놈 한 마리 더 얹어 달라는 젊은 여인과 오징어가 잘 안 잡혀 몸값이 올랐다는 상인의 말이다. 이제껏 적당한 가격으로 서민 식탁의 단골 메뉴였던 오징어 몸값을 두고 어쩔 수 없는 상황이 되었다는 너스레다. 초고추장을 곁들인 산 오징어의 야들야들한 맛도, 살짝 데친 오징어숙회도 더없이 좋은 놈이다. 뿐인가, 어슷어슷 칼집으로 멋을 낸 오징어와 각종 야채를 볶는 매콤한 오징어볶음과 오이 미나리 도라지를 넣고 새큼새큼 무쳐내기도 한다. 또 밑반찬으로 손색없는 오징어젓갈에 제사상, 맥주 안주에 빠질 수 없는 마른오징어까지 그 쓰임이 황태에 견줄만하지 않은가.

그런 오징어의 수급 차질은 다소 충격적이다. 겨울철 바다 수온이 1, 2도만 떨어져도 수확이 문제 된다지만, 이즈음 어획량의 차질은 수온 때문만이 아닌 듯했다. 전체 오징어 물량의 텃밭, 동해어로 경계에 중국 대형어선들이 오징어를 남획한다는 보도가 그

것이다. 중국과 북측의 어떤 합의 어떤 협상이 있었는지는 알 수 없지만, 우리 동해상에서 그것도 우리 어선과 대적할 수 없는 초대형어선에 거대 집어등 밝기로 남획하고 싹쓸이한다니 슬그머니 부아가 난다. 그 작태가 어종의 씨를 말리는 첩경이라는 사실은 고사하고 우리는 또 왜 난데없이 비싼 오징어를 사 먹어야 하는가. 벌써 오래전 서해 연평도 근해 풍어 소식이 끊긴 것도 중국어선과 무관하지 않지 않다. 1974년 안보를 위해 어로 저지선을 남하시키면서 노랫말에도 나오는 '연평도조기'는 일찌감치 그 명맥을 잃지 않았었나.

연평도 조기는 그렇다 쳐도 중국어선이 서해상에서 벌이는 꽃게 싹쓸이는 또 다른 문제를 야기했다. 그들은 남의 나라 해상에서 끌어올린 꽃게를 '납이든 꽃게'로 다시 둔갑시켜 되파는 상식 이하의 장난질을 쳤다. 당시 중국산 '납 꽃게뉴스'를 접한 온 국민은 분노와 경악을 금치 못했다. 어떻게 중량을 속이려고 생물에 납을 섞어 판다는 말인가. 그 나라의 국민성까지 싸잡아 온통 광분했었다. 우리는 어쩌다 내 앞바다에서 불법 조업한 도둑맞은 꽃게를 다시 수입해 사 먹는 장물아비가 되었을까. 납 꽃게 사건이 이천 년 즈음이니 중국과의 개방을 시작으로 많은 것을 수출하고 또 많은 유커가 밀려와 관광 사업이 호황을 맞았대도 상황은 언제나 눈뜨고도 코 베인다. 특히 농산물은 수효와 가격의 불균형으로 국산을 두고도 중국산을 찾게 되니 울며 겨자 먹는 격이 아닌가.

손자 사랑이 유별나셨던 어른이 계셨다. 둘째언니 시아버님이신 사장어른은 유난히 오징어 숙회를 좋아하셨다. 두 살 연하의 어린 형부와 결혼한 둘째언니는 친정과 멀지 않은 곳에 살고 있었다. 토지가 불어나고 손자들이 늘어갈수록 가족사랑 손자 사랑이 유별나셨던 사장어른께서는 한국전쟁의 아픈 기억이 트라우마였을까, 급기야 정감록에 나오는 '십승지'를 찾아 충남 공주군 유구의 작은 마을로 가족 전체를 이끌고 이사를 감행하셨다. 낯선 곳으로 이사를 결정했을 때 타고난 효자요 샌님인 형부보다 여장부 같던 언니는 비옥한 전답을 두고 떠날 수 없다고 시아버지께 정면승부를 걸었다 한다. 땅만 바라보며 살던 농경사회에 이사 결정이 어디 쉬운 일이었을까. 그 드라마 같은 얘기는 아버지를 통해 두고두고 회자되었다.

억척스럽게 수개월을 버텼다던 언니의 저항이 조금은 상상이 간다. 문전옥답 삶의 터전을 두고 떠나는 것도, 친정 부모님 곁을 멀리 떠나는 사실도 언니는 받아들이기 쉽지 않았을 것이다. 성격이 워낙 화통했었기에 아버지께는 특히 아들보다 뜻이 더 잘 통하는 부녀 사이였음이 분명했다. 생전에 아버지는 자주 못 보는 딸이 그리운 만큼 사돈의 유별난 행보를 마뜩잖아 하셨다. 그 사장어른이 음력 시월 상달이면 어김없이 시제를 위해 고향을 다녀가시는 틈을 내어 사돈집을 찾으셨다. 그때마다 어머니는 어렵다는 사돈 대접을 위해 치맛바람을 일으키며 시장으로 내달렸다. 어느 해 사돈 대접을 위해 끓였던 어머니의 특별했던 조기매운탕

맛은 지금도 기억이 생생하다. 고슬고슬 잘 지어진 백반에 잘 익은 김치 한 보시기, 그리고 오징어 숙회 한 접시면 족했던 소박한 밥상이 그려진다.

이후 사장어른께서는 몇 번인가 더 다녀가시고 노환으로 하늘에 이르셨다. 어찌 됐든 오징어 숙회를 유독 좋아하셨던 사돈 대접은 어머니에게도 추억이 되었다. 때로 비슷한 갑오징어를 살 때도 있었는데 다리는 짧고 도톰한 몸통에 등뼈가 붙어있는 놈이다. 약이 귀하던 시절에는 말려두고 상비약처럼 썼다. 특히 지혈 효과가 좋아 우리가 넘어지고 까졌을 때나 어른들이 연장을 다루다 다쳤을 때도 곱게 가루를 내어 상처 위에 뿌리면 쉽게 지혈이 되고 잘 아물었다. 넉넉하지 않았던 시절이 지나고 생산도 유통도 새 시대가 열려 뭐든지 넘치는 세상이다. 그런데 왜 우리는 어쩌다 내 것을 빼앗기고 한낱 장물아비 신세가 되었을까. 바다는 어종을 달리해 늘 그만큼의 양을 바구니에 채워준다. 그 풍요로운 앞바다를 내어주고 졸지에 비싼 오징어를 사 먹는 현실이 아프다. 언제 다시 내 텃밭을 되찾을 날 있을까. 기다림이 막연하지 않았으면 좋겠다.

- 2018. 봄

어디에 숨을꼬

벌써 오래전부터 그래 왔다. 시원한 구석이 없으니 자연히 뉴스에서 멀어졌다. 겨우 헤드라인만 훑거나 아예 안 보는 날도 늘어간다. 오랜 정치권 공방이나 암울한 경제 이야기도 식상하다. 그래도 세상 돌아가는 건 알아야 하겠기에 저녁 뉴스는 의무처럼 틀어놓고 헤드라인 만 훑는다. 복잡하게 머리를 굴리고 싶지 않은 얄팍한 주변인 시선이 된 지 오래이니 분명 바람직한 현상은 아니리라.

황당하고도 낯 뜨거운 뉴스다. 정말 현실이 맞는 걸까, 그러나 폐자원수출업자가 보낸 쓰레기더미 영상은 너무나 선명했다. 부디 오보이거나 가짜뉴스였으면 싶어 부끄러움에 온몸이 스멀거린다. 한때 우리보다 월등하게 잘 살던 필리핀이 폐자원을 수입해 자원으로 쓸 요량이었던가 보다. 한국산 폐플라스틱을 수입하고 보니 도착한 것은 온갖 잡쓰레기였던 것이다. 누가 이런 몰상식하고 몰지각한 양아치 짓을 했을까. 온 필리핀 국민들의 공분을 샀으니 선진국으로 진입하려는 내 나라 대한민국의 체면이 말이 아니다. 플라스틱 폐품 속에 섞인 온갖 잡다한 쓰레기 더미에 한글 인쇄물, 종잇조각, 한글 상표, 온갖 것이 뒤섞여 있었으니 미농지처럼 얄팍한 우리의 시민의식이 적나라하게 드러났다. 나라 간의 신의는 깨어졌으니 당장 쓰레기를 되가져가라는 통보를 받아 마땅하다.

부끄러운 소치에 차라리 눈을 감고만 싶다. 어쩌다가 이런 상식 밖에 처신으로 국격을 떨어트리는가. 세계적인 망신을 당하게 되었으니 나라 위신이 말이 아니다. 어떻게 노력하고 이루어낸 '코리아 위상'인가, 양심은 대체 어디다 저당 잡히고 허울만 살아있었다는 말인가. 지속적인 외세침략과 함께 정쟁을 일삼던 당파싸움, 36년의 긴 강점기와 한국전쟁을 치르며 나라의 존망이 불투명할 때도 이겨낸 민족이 아닌가. 자원도 없고 인적자원도 부족했던 나라에서 허리띠 졸라매고 지금껏 노력해왔다. 새마을운동과 3차에 걸친 경제개발 5개년계획, 끊임없이 노력한 결과물이다. 급속한 산업화를 겪고 중산층이 늘어간다던 대한민국은 지금 '급격한' 발전을 이룬 후유증을 앓고 있다. 국민 모두의 삶이 좋아지고 교육열도 세계최강이라는데 우리는 아직 선진의식을 갖추지 못한 비상식적인 국민이었던가 보다. 문명의 발전을 거듭해오며 그 문명을 즐기다가 이젠 그 문명의 사슬이 우리를 서서히 옭아매고 있었다.

온 국민의 노력으로 선진국대열에 곧 진입할 거라는 것을 의심하지 않았다. 한때는 필리핀이 우리보다 더 잘 살았던 국가였다. 구한말의 혼란기와 감격스러운 해방, 그 해방조차도 우리의 노력보다 2차 세계대전의 패망을 인정한 항복으로부터 얻어진 해방이었다. 그 기쁨에서 깨어나기도 전에 남북 이념 전쟁이 발발했고 긴 전쟁으로 피폐화된 국토위에 우리는 봄이면 보릿고개를 겪었고, 자원도 없는 나라에서 산천도 망가졌다. 산업화로 가는 길목에서, 우리의 언니 오빠들을 파독간호사, 파독광부로 보내지고 그 눈물의 원조를 얻어 쓰던 민족이다. 중동의 모래바람 속에서도 견디어 낸 근로자가 있었기에 우리는 눈부신 고속성장을 해왔지만, 선진국 문턱에서 거대한 외환위기를 만났다. 모두들 너무 일찍 축포를 터트린 결과라고들 했다. 그 불행 속에서 많은 사업체가 도산했고 많은 사람들이 일자리를 잃었다. 견디지 못한 누군가가 극단적 선택을 했다는 뉴스가 빈번해 국민들을 더욱 우울하게 했었다.

온 나라가 우울증에 걸리는 최악의 상황이었다. 오직 앞으로 나가는 직진만 있을 줄 알았고 지속적인 발전만 보장된 줄 알았던 국민은 한동안 충격에 늪에서 헤어나지 못했다. 그때 섬광처럼 호황을 만난 곳이 자원 재생이다. 외곽의 빈터마다 폐자원을 수집하는 고물상이 곳곳에 생겨났으며 성업을 이뤘다. 철이며 알루미늄이며 수입에 의존하다가 자급자족 했어야 했다. 자원 재생을 하고 공장을 돌리고 다시 제조업에 의존했다. 유례없는 성업을 이루고 고물값이 오르자 부작용이 촉발되었다. 멀쩡한 학교 정문, 회사 정문에 있는 자바라 철문을 떼 가고, 동네 다리를 기념하는 동판을 몰래 떼다 팔아먹는 뉴스가 또 우리를 우울하게 했다. 천신만고, 그렇게 재기의 발판을 삼고 허리띠를 졸라매면서 IT산업을 필두로 다시 호경기를 맞나 싶었다. 거기다 금융위기를 모르는 세대는 아무런 위기의식도 없이 또 다른 경제위기, 실업대란을 맞고 있었다.

너무 빨리 회복하고 너무 빨리 잊어버렸던 걸까. 오늘 이 현실은 다시 고철 비철 종이류의 가격이 내려가 생긴 부작용일지 모른다. 재생 비용, 분류 작업에 쓰이는 비용과 수지 타산이 맞지 않아 비롯된 일이라고밖에 생각되지 않는다. 그래도 자원은 재생해서 돌려써야 할 것이다. 무엇이든 새것만 추구한다면 이 세상은 어찌 될 것인가. 수개월 전 어느 아파트단지에서 쓰레기 대란이 일어났다는 황당한 뉴스가 있었다. 플라스틱이며, 비닐류가 재생 자원으로 쓰여야 할 폐자원의 수거를 거부해서 벌어진 사태란다. 아파트 주민들의 아우성에 조속히 사태 수습을 하겠다는 담당자들이 발 빠른 대응책을 내면서 뒷이야기는 사라졌다. 그리고 까맣게 잊었던 쓰레기 뉴스는 어이없게도 월드 뉴스를 장식한 국제 망신 뉴스였다. 심지어 필리핀은 한국전쟁에 UN 지원군을 보내주기도 한 곳이었으니, 혈맹이라는 말이 무색해졌다. 국가 간의 신의를 저버린 철면피 수출업자는 반드시 대가를 치러야 하리라.

불과 반세기 전만 해도 매연이 무언지, 오염이 무언지 모르고 살았다. 온갖 산열매를 따먹으러 산을 헤집고 다녔으며 여름철 냇가는 농사일에 지친 어른들의 천렵이 가능했다. 피라미 붕어와 모래무지 송사리가 헤엄치던 곳이 오염물질로 얼룩진 이름뿐인 개천이 되었다. 삼사십 년의 문명 발달과 맞바꾼 현실이 아프지만 되돌릴 수도 없다. 문명의 쓰레기 더미로 인해 발생된 수치도 곧 잊을 것이다. 지위고하 빈부 격차를 막론하고 대대적인 정신 개조가 필요한 시점이리라. 우리는 이미 이 문명에 길들여 있고 되돌아갈 수는 없다. 지금 다만 필요한 긴 바른 시민의식과 양심을 저버리지 말아야 할 때가 아닐까. 우리처럼 작은 나라가 세계 속에 당당하게 맞설 수 있으려면 무엇보다 선진시민의식이 필요하지 않을까.

- 2018. 12

로토루아의 연가

나는 참 세상을 모르고 살았다. 부모님 슬하에서 이십 수년, 결혼해 남편 그늘에서 삼십 년이란 세월을 잊고 살아왔다. 이순이 코앞인 나이에 그것도 먼 이국땅에서의 자각이라니. 그래서 더 부끄럽고 울컥했는지 모른다. 감동은 늘 그렇듯 더운 눈물을 쏟게 한다. 오늘 우리의 행복이 누군가의 희생으로 점철된 결과물이라고 생각하니 가슴이 미어졌다.

흔치 않은 기회가 주어져 준비 없이 따라나선 뉴질랜드 여행길이다. 아무런 사전 지식도 없이 여행사에서 보내준 일정표가 전부인 채. 뉴질랜드 북섬 제일의 도시 오클랜드와 세계 희귀반딧불이 '글로웜'이 산다는 와이토모동굴, 아름다운 호수의 도시 로토루아, 그리고 남섬의 퀸스타운과 마운드 쿡, 밀포드사운드 국립공원과 같은 굵직한 지명만 머릿속에 심어둔 채 마음만 붕 떠 있었다. 평소 가진 뉴질랜드의 선입견도 미미했다. 짙은 갈색 피부

마오리 청년들의 한껏 부릅뜬 눈과 과도한 문신, 자신의 상체를 두드리거나 들어본 적 없는 그들 부족만의 언어로 부르는 노래. 더불어 떠오르는 광활하고 끝없는 초원과 낙농, 누구도 흉내 낼 수 없는 초청정국가라는 얕은 지식이 내겐 전부였다. 온전한 미지의 세계, 그 떨림과 기대감은 세계 삼대 미항이라는 호주 '시드니'를 거쳐 돌아오는 코스라서 더 매력적이었다.

우리는 열 시간이 넘는 비행을 거쳐 인천공항과는 대적할 수 없는 북섬 오클랜드국제공항에 도착했다. 뉴질랜드 제일의 도시라고는 하지만 기내에서 내다본 풍경은 소박하기 그지없다. 그러나 흰 바탕에 자국의 상징인 은고사리 문양이 그려진 기체의 행렬로 뉴질랜드를 실감케 하고도 남는다. 비교적 짧은 여행 경험밖에 없던 터라 열흘이라는 기간은 일행들과의 의존심도 적지 않다. 행여 음식으로 인한 탈이라도 날까 서로에게 건강하게 잘 마무리하자는 독려도 잊지 않는다. 입국 절차를 거쳐 현지 가이드와의 미팅, 중년이 되어가는 훤칠한 남자가 뉴질랜드 생활이 이십오 년 팔 개월째라고 자신을 소개한다. 청년 시절 직장 출장업무 차 뉴질랜드 생활을 했으며 체류 기간 구 개월을 접고 귀국한 뒤로 종래 마음을 잡지 못하고 방황을 했더란다.

결국 다시 뉴질랜드를 찾아 정착한 지 이십 수년, 처와 대학생 남매를 둔 가장이 되었단다. 그는 가이드 생활이 천직인 듯 버스를 타고 이동할 때나 관광지 설명할 때나 도무지 심심할 틈을 주지 않았다. **'뉴질랜드는 뱀이 없는 나라인데 왜 그럴까, 뉴질랜드는 아직도 지하에서 화산활동을 하고 있는 간헐천의 특성상 냉혈종의 뱀이 살 수가 없다'**는 식의 설명도 학생들에게 하는 주입식 교육처럼 장난스럽게 몇 번이고 주입을 했다. 첫날 세부적인 일정표를 만들어 나온 그는 세상에 이런 가이드는 자신밖에 없을 거라며 너스레를 떤다. 뉴질랜드, 그리고 그들을 한때 지배했던 잉글랜드의 역사까지 해박한 그는 역시 타고난 가이드다. 그가 간간이 내비치는 긴 타국 생활의 외로움과 고국 사랑은 작금의 국내 상황을 바라보는 세계인의 냉소적 시선과 북한의 연이은 핵실험으로 집중된 이목을 우려한다.

마치 허리케인의 중심부처럼 국내에선 고요한 상황, 쉽게 낙관할 수 없는 현실 상황과 안보불감증이 만연한 심각성을 못내 감추지 못하던 그였다. 그런 그에게 감동받은 것은 그가 나누어준 일정표 맨 뒷장에 생뚱맞은 악보로부터 기인한다. 낯선 제목 **'Po Kare Kare'**의 가사와 우리 노랫말 '연가'의 이중 악보였다. 애틋한 전설이 깃든 원곡 뉴질랜드 민요가 언제 어떤 경로로 우리 '연가'가 되었는가의 사연을 더해 가슴이 시려온다. 원곡의 전설은 이러했다. 사랑하지만 '로미오와 줄리엣'처럼 양가의 극심한 반대에 부딪힌 남녀가 있었다. 비바람이 몰아치던 어느 밤 여자는 가족의 눈을 피해 거센 비바람을 뚫고 로토루아호수를 헤엄쳐 가 남자를 만나고 마침내 사랑을 이루었다는 전설이다.

그들의 아름다운 사랑 이야기와는 달리 우리 연가는 전쟁의 포화 속에서 태어났다. 육이오 동란 당시 참전 병사들이 고향을 그리며 부르던 뉴질랜드 민요, 그 멜로디에 반한 음악인 '전석환'님이 우리 노래화했다는 사연은 결코 평범하지 않다. 이해관계 하나 없는 동방에 작은 나라, 모르는 이들의 평화를 위해 떠나온 고향, 향수를 달래던 뉴질랜드 병사들의 느리고 애조 띤 **'Po Kare Kare'**와는 달리, 비교적 밝은 리듬에 우리 연가는 어디서나 잘 어울린다. 청소년 혹은 젊은 시절 야유회나 캠핑장의 절정은 누가 뭐래도 캠프파이어다. 삼삼오오 둘러앉아 환희에 차 부르던 연가는 기타 연주를 곁들여도 좋고, 둘 셋 화음을 넣어 불러도 멋진 노래다. 나는 어쩐지 그 노래가 뉴질랜드 민요였다는 사실을 앎보다, 연가에 감추어진 애틋한 사랑 이야기보다, 이국 민요가 우리 노래화된 사연이 눈물겨워 가슴이 더 아려왔다.

'코리아'라는 작은 나라가 어느 대륙에 속해있는지, 어떤 언어를 쓰는 민족인지도 모른 채 부모형제 고향을 떠나와 포탄이 쏟아지는 전장에서 피를 흘리며 한 줌 재로 사라져 간 그들을 떠올리니 가슴이 저려와 울컥 눈물을 쏟고 말았다. 그 수많은 이들의 고귀한 희생 위에 재건된 나라, 그러나 세계 유례없는 장기 휴전 상태요 대치 국면 속에서도 반쪽짜리 평화를 누리며 안보 불감증이라는 불명예를 안고 살아간다. 전장으로 아들을 보낼 때 그들 어머니는 어떠했으리오. 이름 없는 산기슭, 험한 벌판, 음습한 골짜기에서 스러져갔을 모든 전사 장병들과 그 부모를 떠올리니 또 다시 목이 메어온다. 누구를 위하여 그들은 자신의 목숨을 초개와 같이 버렸던가. 그런 희생 위에 건설된 나라에서 우리는 또 어떤 얼굴로 살아가는가. 북섬에서의 마지막 일정으로 참전용사 위령탑 앞에서의 묵념을 나는 평생 기억할 것이다.

그들의 희생을 까맣게 잊은 채 너무도 부끄러운 얼굴로 살아가는 우리들, 나라를 위해 무언가 더 많은 것을 발휘해야 할, 더 많이 배우고 돈과 힘을 가진 권력자들은 또 원정 출산과 모호한 병명들을 만들어 국방의무로부터 빠져나간다. 부끄럽지만 우리가 처한 작금의 실태요 민낯이다. 문득 일 점 사 오 배나 느린 '로토루아의 연가'를 가만히 불러본다. 어린 나이에 고향을 떠나와 이역만리에서 피를 흘리며 사라져 간 뉴질랜드의 어린 병사들의 노래를. 주입식으로 들어왔던 **'혈맹국가'**, **'육이오 참전 유엔 십육개국'**, 이 고마운 단어가 새삼 가슴을 저리게 한다. 숨져 간 모든 뉴질랜드 병사를 위해, 한국전쟁의 모든 희생자를 위해 로토루아의 연가를 부를 것이다. **'포 카레카레 아~나 나와 이오 로토루~아/위-티아투 코헤히네-마-리노아나에-/에히네이-호키마이라-/가마테아-우이-데아로아에-'** 우리가 겪은 민족상잔의 비극과 두 곡의 연가, 잔잔한 로토루아의 호수같이 맑고 고요한 그들의 연가를 부르면 뜨거운 눈물이 흐르겠지만 개의치 않을 것이다. 가끔은 파병 전사자들을 위한 위로의 눈물도 필요하니까.

- 2017 초가을

가시

지인들에게 언제까지나 좋은 사람으로 기억되고 싶다. 그러나 마음과는 달리 서툰 사회생활의 나상이 드러났다. '잘 산다.'는 여러 중의적 표현 중에 대인관계가 원만하다는 평판을 듣는다면 좋을 것 같지만, 현실은 그렇지 못하다. 위아래 남자형제들 틈에 성장기를 보냈는데도 타고난 숫기가 모자란 탓일까, 변죽도 없고 능동적이지도 못하니 답답한 노릇이다. 알면서도 변화하지 못하니 참으로 딱할 노릇이다.

인생 육십에 웬 넋두리일까 싶지만 내겐 평생 간직했던 숙제다. 인간관계를 한 단어, 혹은 한 문장으로 정리할 수 있을까. 수학공식처럼 '인생은, 혹은 인간관계는 이것이다.' 라는 정답이 성립되지 않는다. 사람마다 인생을 정의하는 논점이 다르기 때문이리라. 깊고 오묘한 우리네 인생과 인간관계의 정답을 묻는다는 것은 우매한 짓일지 모른다. 각자가 추구하는 삶의 방식과 방향이 모두 다르지 않은가. '내 삶의 주인공은 나'라는 주체의식으로 무장해도 왜소해지는 건 어쩔 수 없다. 다른 건 고사하고 '성격이 모나지 않고 원만해서 좋다.'라는 입에 발린 칭찬이라도 들으면 왠지 좋을 것 같다. 많은 사람들에게 호감을 주는 이를 만나면 내게 없는 성격이라 더 그랬다.

진정성이 결여된 채 겉으로만 웃는 얼굴이라면 상대의 신뢰는 금세 무너지고 만다. 그렇게 본다면 인간관계의 형성보다 관계유지가 더 중요하지 않을까. 그 관계유지의 핵심은 역시 가식적이지 않아야 하며 신뢰가 바탕이 되어야 할 것이다. 진정성을 바탕으로 한 믿음이야말로 굳건한 관계로 발전하는 동력이 아닐까. 그럼에도 타고나길 못난 성격이고 보니 먼저 다가서기도, 새로운 관계 형성에서도 뒷짐인 데다 적당한 변죽도 융통성도 모자란다. 그런 나를 까칠하다고 오해를 하지만 외려, 자신감이 떨어져 생긴 버릇이다. 태생이 그러니 크고 작은 지역의 행사장에서 만나는 초청인사, 문단의 오랜 선배들께도 잘 다가서지 못한다. 환한 웃음으로 호기롭게 다가가는 동료를 부럽게 바라볼 뿐이다. 용기도 변죽도 부족해 관망하는 처지를 탓하면서.

자랄 때나 결혼 이후에나 이렇다 할 사회경험이 부족한 나는, 내게 다가오는 사람들을 이유 없이 경계했다. 이 좋지 못한 민망한 성격 때문에 얼마 전에도 부족한 나를 인정해주고 여기저기 등용시켜주려던 지인에게 본의 아니게 상처를 주고 말았다. 이

보잘것없는 사람을 백 프로 이상 인정해주는 고마움은 모르지 않지만 무턱대고 고마워할 수도 없다. 그 호의를 받을 만큼 내게 그만한 능력이 있기는 한 건지, 왠지 내 것이 아닌 선심성 같아 자꾸만 울타리를 치듯 선을 긋는다. 전형적인 트리플 A형 인자는 본인에게 더 엄격하다. 그 소심함은 날카로운 가시로 방어벽을 만들어 누군가에게 상처를 주게 될까 봐 생기지도 않은 일로 지레 겁을 먹는다. 부끄러운 이 성격이 온전한 내 모습이다. 어쩌면 내가 거리를 두려던 저변에는 나를 침소봉대시켜 바라보는 주위에 시선이 부담이었던 것은 아니었는지.

속뜻이야 어찌 됐든 '여기까지' 라고 선을 긋는 나의 치졸한 방법은 지인을 아프게 했었나보다. 끝까지 오래가려고 택한 내 결단에 자칫 당신의 진심을 몰라주는 차가운 후배가 되었다. 그렇다면 나는 어떻게 행동했어야 옳았을까. 답을 찾지 못한 나는 졸지에 무심한 사람이 되고 말았다. 좋은 관계를 유지하는 것에는 노력이 따라야 한다는 교훈도 얻었다. '학교에도 교과서에도 없더란 말입니다.'라는 드라마 대사처럼 사회생활의 정도를 알지 못해서 만들어진 방어벽 뒤로 뒷걸음치는 나는 겁쟁이다. 당신의 진심을 몰라준다는 서운함을 여과 없이 내비치던 지인은 무작정 당신을 멀리하려고 밀어낸 것이 아니라는 나의 진심을 용인해주었다. 그냥 물 흐르듯 이끌리는 것에 대해, 급격히 가까워지는 관계설정에 대해, 나는 얼마나 많은 고민을 했던가.

그대로 이끌리듯 앞으로 나아갈 것인가, 내 의지대로 거리를 두는 것이 옳은 것인가. 내가 내린 답은 후자였다. 살다 보니 비슷한 사안에 자꾸만 갇히게 된다. 어쩌면 이제껏 살아오면서 겪었던 많은 상황들을 이즈음에야 새롭게 자각한 모양이다. 상대에게 온전하게 다가가지 못하고 거리를 두려는 나의 이 옹졸하고 편협한 생각이 부끄럽다. 좋은 벗을 사귀는 일은 분명 쉬운 일은 아니다. 많은 사람들은 초등학교 친구를 가장 임의롭게 생각하는 것을 보면 알 수 있는 일 아닌가. 한 고향 마을에서 나고 자란 친구들은 더 말해 무엇하리오. 다 같이 가난했던 시절에 볼 거 못 볼 거 다 본 사이에 감추고 말고 할 게 뭐 있고 또 억지로 잘 보인들 뭐하랴. 복잡하고 미묘한 세상살이에 속엣말 터놓을 진정한 친구가 절실해진다. 계산하지 않아도 되고, 잘 보이려고 애쓰지 않아도 되는 그런 친구가.

무소유의 법정 스님은 **'삶 자체가 오해'**라고 했다. 까딱 잘못하면 남의 입의 오르내려야 하고 때로 본래 뜻과는 전혀 다른 엉뚱한 오해를 받기도 한다. 남이 나를, 또 내가 남을 어떻게 온전하게 이해할 수 있단 말인가. 한번은 법정 스님이 불교종단 기관지에 올린 글을 보고 사미승 하나가 법정의 안면이 간지럽도록 칭찬을 해댔다 한다. 그 모습을 본 법정은 속으로 사미승이 자신을 오해한다고 생각했다. 분명 칭찬하던 그 입으로 곧 자신을 헐뜯을 것이라고 생각했다. 예측은 벗어나지 않아 바로 다음호의 기고된 글을 보고는 게거품을 물고 이빨을 드러냈다고 하니 앞서 했던 입바른 칭찬은 가식이었던 셈이다. **'실상은 말 밖에 있는 것이며 진리는 누가 뭐라 하건 흔들리지 않는다.'**는 말처럼 자신을 추켜세운다고 우쭐댈 일도 아니고, 헐뜯는다고 화낼 일도 아니라는 뜻이리라.

서툰 여인에게도 잘 자라는 가시선인장이 있다. 바라보기만 하라는 건지 다가가면 여지없이 가시를 세운다. 하얀 찔레꽃에 반했던 어린 시절 달콤한 찔레순을 먹겠다고 손을 내밀었다가 여지없이 날카로운 가시에 여린 손등을 긁혀 선홍빛 선혈을 보고야 만다. 뜨거운 감자를 급하게 베어 문 듯 힘들었던 시간은 사회생활에 필요한 적당한 변죽이 부족해 형성된 경계심이 문제였다. 선부르게 삼키지도 다시 뱉어내지도 못하는 그 어정쩡한 상황은 모두 내가 만들어낸 허상이었다. 선인장이나 찔레꽃 가시처럼 자기방어를 위해 가시를 세우는 사람은 아니고 싶다. 오롯이 좋은 면면만 보여주고 싶은 사람이라면 달콤한 칭찬보다는 가슴으로 소통하는 노력을 기해보리라. 그래 보리라.

'장점을 보고 반했으면 단점을 보고 돌아서지 마라' 최근 핸드폰에 떠도는 좋은 글귀 하나를 얻었다. 마음이 울컥 떨려온다.

- 2018. 가을 즈음

Thorn

Written by Lee Woon-soon
Translated by Kweon Dae-geun

I want to be remembered as a good person by my acquaintances forever. Contrary to my mind, however, I revealed my real clumsy self in my social life. It would be nice to gain a reputation of good interpersonal relationships among all the many expressions meaning "living well," but that is not the case. Though I was grown up between older brothers and younger brothers, I think I am witless and less active, which drives me really frustrated. I don't know whether it's because I'm inherently shy and timid, but it is indeed a pity that even if I know my way around, I can't change myself for the better.

You'll think I'm whining and complaining even in my 60s, but it is a long-kept homework. Can we sum up our relationships in one prase, or sentence? Unlike a mathematical formula, the right answer that 'Human life or relationship is this' is not established. It may be because each person has a different point of defining life. Moreover, it may be foolish to ask for the right answer to our deep and delicate lives and relationships. The way one lives and seeks his or her life is amazingly various, isn't it? Even equiped with the self-consciousness that

"I am the main character of my life," I cannot help but become dwarfed. I think it would be nice to hear some compliments, let alone others, for example, "It's nice of you to have a good personality." When I met someone who gave a good impression to the public, I thought all the more because I didn't have a personality.

If one lacks sincerity, and smiles by false pretense, the other party's trust will quickly fall apart. Therefore, we could say it is more important to maintain a relationship than form a human relationship? The key is that it must be not pretentious, and it should be based on mutual trust. Trust based on sincerity is a driving force that develops into a strong relationship. Nevertheless, I was born with a somewhat fainthearted personality, and thus is neither active nor interested in forming a new relationship. As I said, I am not witty and I lack flexibility. It's a pity. People around me take me for crabbed sometimes. I admit it's what I deserved. Yet, these all are bad habits resulting from a lack of confidence. To my regret, I can even hardly get close to invited guests and longtime seniors in literary circles at events in small and large areas. I just manage to envy my fellow writers who are socializing with all smiles courageously, open-mindedly with them. I don't have the courage and the flexibility, putting blame on me looking on.

Having no significant social experience, before or after marriage, I was wary of people coming into touch with me for no reason. This shamefully poor character has hurt an acquaintance who recently tried to acknowledge me and recommend me here and there. I do know how grateful I am for recognizing this humble person by more than a hundred percentage, but I can't be thankful without any hesitation. I keep drawing a line like I'm confining myself in a fence as if they were patronizing me because I doubt I'm good enough to get such a favor. The typical triple-A factor is stricter on himself or herself. Somehow or other I fear lest the timidity should hurt anyone by making a defensive wall out of sharp thorns. This shameful character is my whole self. Perhaps the reason I tried to keep people away was that I felt burdened by the way they overestimated me.

Whatever the true meaning is, my childish way of drawing the line "up to this" must have hurt my acquaintance. I have become, more or less, a cold-hearted junior who doesn't know the person's true intentions by my decision to keep the relation lasting long. How and what should I have done? I couldn't figure it out.

I have also learned a lesson that maintaining a good

relationship must be followed by efforts. I'm a coward, walking backwards behind the barrier that was created for the reason I didn't know better, like the drama line, "I didn't learned it in school or in textbook." My acquaintance, who had outspokenly expressed her regret that I didn't appreciate her true heart, accepted that I didn't have no intention to push her away. How hard I pondered on getting acquainted naturally or establishing a quickly closer relationship!

I should let a thing to take its own course or I should keep my distance from others at my will; To my remorse, the one I chose was the latter. Living a life as I did, I often get stuck in a similar issue more often than not. Perhaps many of the circumstances that I have put into my life have come to my sense for the first time at this point of time. With the wisdom of hindsight, I am ashamed of this petty, narrow-minded idea. Making good friends is certainly not an easy task as we can know from the fact that most people think of friends in elementary school as the best one? Much more needless to say of my friends who were born and raised in a hometown. Back in my time when we were all poor, between us there was nothing to hide or hold back. To put it another way, we're just intimate friends. Living in a delicate and complicated world, I indeed need such an intimate friend as a friend to whom we don't try to pretend to play up.

A wellknown Buddhist monk, Beopjeong, a writer of 'Moosoyou', which means 'No Possession', said once,“life itself is a misunderstanding." If I should do something wrong, I am easy to be said one way or other, and sometimes I will get myself to misunderstood so that what I said is completely different from what I originally intended. Such being the case, how can others understand me fully, and how can I understand others, too? One time, a Buddhist acolyte, we Koreans call it 'Samisung', read an article of his in the journal of one Buddhist sect, and flattered Beopjeong the monk greatly right in front of him. The monk who saw the scene thought to himself that the acolyte misunderstood or lied to him from the first. He accordingly thought she would soon speak ill of him from the same mouth from which she had been praising him. As he predicted, the foregoing compliment indeed turned out to be a pretense. He said, too, "She read my article in the next issue and criticized me, baring her teeth." As they say, "The truth is not out of the mouth, and it doesn't shake no matter what they may say," it means that we don't need to be flattered by flattery or infuriated by insult.

There is a thorny cactus which is easy to grow well even by

a woman who has no green thumb. But it will not allow us to touch it, which I think means to just stand looking not to prick. Whenever I approach it, it sure is to reveal its pointed thorns

When I was young, I held out my hand in order to pick the new soft white wild rose stems, but I had to scratch and prick the back of my soft hands with a sharp thorn only to see the bright red blood.

The hard time like I took a bite of a still-hot potato just cooked in a hurry generally resulted from the problematic, clumsy precaution caused by a lack of proper flexibility needed for social life.

All those half-done situations that I couldn't swallow or spit out back easily were my own-made illusions. I don't want to be, at least, a person who raises up thorns for self-defense, like cactus or wild thorny roses. In order to show nothing but a true side, I will try to communicate with them rather than sweet praise. So I will and I guess so I should.

'If you have a crush on other's merits, never turn back from him or her for a fault."; this good phrase is what I recently got in my phone. My heart is about to tremble with something indescribable abruptly.

가시-영문번역

2부

내 인생 1막이 끝나고

아주 오랜 숙제를 하나 끝냈다. 아무도 내게 이번 숙제를 내어 주지 않았지만 나는 그 어느 때보다도 성실하게 숙제에 임했다. 비록 마음 같지 않아 수없이 퇴고에 퇴고를 더해도 성에 차지 않고 제자리를 맴도는 악순환을 거듭해도 지금은 온전한 휴식이 찾아왔다. 내 인생 1막이 끝나고 2막을 위한 휴식에 접어든 오늘의 평화, 실로 오랜만에 느끼는 자유다.

2008년 등단 때처럼 구체적 준비도 없이 저질러졌다. 수필집 하나 가지고 싶은 평생의 소망을 지니고 살아왔다. 그러나 꿈과 현실의 거리는 까마득해 종이 인형같이 아슬아슬 버티고 서있다. 거대하게 막아선 태산처럼, 폭우 뒤에 거센 물줄기처럼 황토물을 토해내듯, 모든 꿈과 희망을 삼켜버리려는 듯 막막하다. 유려하게 혹은 군더더기 없이 매끄러운 작품을 엮어내고 싶은 마음과는 달리 문장 흐름이 마음 같지 않아 덮어둔 채 여러 날 방치하기도 하고 적절한 단어를 찾지 못해 전전긍긍 한계에 부딪히기도 한다. 장고 끝에 탈고한 대작가들이 산고의 비유한 뜻도 이해할 것 같다. 모든 것이 욕심에서 비롯된 것이라는 것을 너무 잘 알지만 미혹한 인간은 빨갛게 달궈진 쇳덩이를 잡아보고 나서야, 푸른 초원의 가려진 늪에 빠져 허우적대보고 나서야 겨우 한걸음 뒤로 물러난다. 욕심내지 않고 가진 만큼 능력만큼 드러내면 될 일을 고민한다.

긴 기다림이었다. 숙원이라 해도 모두 이루거나 해갈되는 것은 아니다. 그럼에도 기회가 찾아오고 그 기회에 조심스레 편승해 결과물을 얻게 된 지금 소소한 나만의 희열을 만끽하고 있다. 그리고 전쟁 같았던 나의 긴 시간만큼 함께 시험을 치르는 수험생처럼 가슴 떨리는 고행을 함께해준 문우가 있어 거센 채찍과 에너지를 함께 얻는다. 가끔 들뜬 목소리로 오랜 산고를 겪고 세상에 나올 내 아이, 수필집이 보고 싶어 기다려진다는 그네의 따듯한 말이 시름을 잊게 한다. 늘 나 혼자라는 외로운 사투에서 벗어나 한편이라는 든든한 동지가 내게도 있다는 위안을 받곤 했으니, 따듯한 말과 함께 내미는 그네의 보이지 않는 손을 나는 쉬 놓지 못한다. 그 손의 온기로 나는 이미 온 세상이 내 것 인양 구름 위를 걷고 있다. 이 감흥이 오래가지 못해 추락하고 생채기가 난대도 나는 이미 구름 너머 밝은 햇살을 보았기에 초조한 가운데서도 웃을 수 있는 것이다.

나도 한때 옥조이는 긴장감과 흥미를 좇던 시절의 박경리, 박완서, 이외수, 이우혁, 존 그리샴, 시드니 샐던, 신간을 초조하게 기다리던 때가 있었다. 아이들의 편식처럼, 어느 한 작가만 선호한다던가, 한 장르만 고집하는 것은 독서의 나쁜 예이다. 한곳에 치우치지 않는 고른 관심을 유도하는 바람직한 독서함양을 권장하지만 이미 어느 한 곳에 흥미를 맛보고 즐겨본 사람이라면, 신간 안내에서 좋아하는 이름을 발견했다면 가슴이 뛰는 것을 막을 수 없다. 그랬던 예전 내 모습이 떠올라 그네의 들뜬 목소리가 울컥 감동을 불러온다. 물론 같은 맥락이 아님을 잘 안다. 내가 좇던 신간의 주인공들은 이미 세상 이목을 수없이 받아본 성공한 반열의 작가들이다. 그러나 용기가 필요하고 따듯한 격려가 필요한 새내기에게 꼭 필요한 용기와 힘을 실어주던 문우가 한없이 고맙다. 먼 길 마다하지 않고 달려와 첫 출간의 기쁨을 함께하겠노라는 그녀의 그 마음 하나만으로 나는 이미 천군만마를 다 얻은 듯 수화기를 놓아도 벅찬 가슴은 그 온기로 인해 등줄기까지 후끈해진다.

이운순의 수필은 정으로 짜여진 천이다. 그녀는 다양한 인간관계 속을 헤집고 다니면서 그 인연을 소중하게 감싸 안고 아름다운 인생이란 한 필의 비단을 짜고 있는 직녀인 것이다.[1)]

---

1) 이운순 저 〈비타민이 열리는 나무〉 권대근 교수님 서평 중에서

감히 보석과 같으신 수필학의 명인 권대근 교수님의 서평을 받게 되는 영광을 얻었다. 잘 정제되고 정리된 다른 작가들의 작품과 달리 촌 아낙의 장황하고 미흡하기만 한 졸작들에 생명을 불어넣고 향기를 더해주심에 진심으로 감사함을 전한다. 이번 작업을 하면서 또 다른 시각을 갖게 된 것도 내겐 괄목할 만한 성장이다. 출판 작업에 있어 '국어사전'에 맞도록 교정을 보고 두세 차례의 편집 과정을 거치면서 출간 과정의 수고를 조금이나마 알게 해 주었다. 여타 다른 출판물의 대해서도 남다른 시각으로 바라보게 된 계기가 되었다. 앞서 출간과 출산의 고통이 같다는 거룩한 비유 이외에 농부들의 그 긴 시간과 다르지 않음을 여실히 느꼈다. 농부의 발걸음 소리를 듣고 자란다는 농작물, 질 좋은 토양에 씨앗을 뿌리고 오롯이 바람과 햇살과 적절하게 내려주는 비를 기다린다. 아흔아홉 번 농부의 손길이 닿아야 비로소 알곡을 내어준다는 장고한 농부들의 시간과 결코 다르지 않음을 견주어 보는 것이다.

행복과 불행이 함께하듯 기대감과 두려움도 언제나 동반한다. 수필집에 기대를 하는 만큼 조심스러운 두려움 또한 숨길 수 없다. 식상한 개인 인생사에 염증을 느끼면 어쩌나, 미흡한 줄거리에 질타가 쏟아지면 어쩌나, 그보다 더 무서운 상상은 나의 이야기에 아무도 귀를 기울이지 않으면 어쩌나 하는 기우다. 그런저런 일련의 고민은 매일 매 순간 마치 시험을 치르는 수험생이 되어 속절없이 가슴이 방망이질을 해댄다. 나의 그릇 크기를 누구보다 잘 알기에, 더 큰 세상을 경험해보지 못한 우물 안 개구리 같은 좁은 시야도 모두 나의 맹점이다. 취약점을 잘 알기에 욕심을 낼 수도 없다. '저자 이운순' 평생 꿈으로만 간직했을 여망을 이룬 것에 첫사랑 떨림처럼 가슴이 소용돌이친다. 설렘과 긴장으로 맞이했던 나의 인생 1막, 높은 곳에서 지켜보고 계실 나의 부모님, 주변 지인과 친구들의 응원에 힘입어 결실을 보았다. 이제 2막을 준비함에 앞서 짐짓 막간 여유를 한껏 누려본다.

다른 이들의 삶과는 조금 다른 인생을 살아왔다. 태어나보니 부모님은 이미 중장년이셨고, 가세도 그리 넉넉지 않았다. 그러나 돌이켜보면 가슴 절절한 사랑이요, 그리움뿐이다. 인생의 반환점을 돌고서야 인생 1막이라고 정의한 나의 지난 시간들, 그 안에서의 시간들은 내가 살아갈 수 있는 힘을 얻는 원천이었다. 나는 그 힘을 바탕으로 2막을 살아갈 것이다. 작지만 힘찬 걸음으로.

- 2016. 가을

산나물

살아 움직이는 것만이 생명은 아니었다. 지나던 이의 일침으로 얼굴이 화끈거린다. 겨울 끝자락부터 인근 산을 오르기 시작했다. 봄이 무르익자 풀잎도 나뭇잎도 생명수를 끌어올려 눈을 틔우고 새잎이 자라난다. 앞만 보고 오를 때야 숨이 턱까지 차오르지만 봄의 향기를 머금은 상쾌한 봄 산행의 맞닥뜨린 상황, 한껏 들뜬 마음에 찬물을 끼얹는 한마디 **'먹을 만큼 하지 못할 거면 꺾지 말지요.'** 맑은 종소리가 가슴을 때린다.

저질 체력인지라 최소한의 움직임으로 긴긴 겨울잠을 자고 나서야 찾게 된 천보산이다. 해발 오백 미터에도 못 미치는 낮은 산이니 내게는 최적 코스다. 패이고 뭉개지고 가파른 곳에는 굵은 밧줄이 설치돼있다. 여러 갈래의 등산로는 이따금 변화를 즐기게 했다. 이전에 걸었던 천변트레킹코스보다야 피톤치드 내뿜는 산을 오르고 내리고, 아기자기함까지 더하니 흡족한 선택이다. 얼음이 풀려가던 겨울 끝자락이니 나무마다 물이 오르고 진달래 꽃망울이 터지고 어느새 낯익은 산나물도 보이기 시작했다. 나물 생김도 가물가물하지만, 시장에서 마트에서나 볼 수 있던 취나물에 고사리 고비며 참으아리를 떠올리고 기억을 더듬어 등산로를 벗어나기도 했다. 하산 길에 겨우 한주먹을 쥐고 내려와 살짝 데쳐서 초고추장 찍어 먹은 게 딱 두 번이었다.

무침을 못 할 만큼 적은 양이었지만 자연의 향을 즐기기에는 그것도 황송했다. 그러다 '먹을 만큼 하지 못할 거면 꺾지 말지요.' 그 망신을 당한 것이다. 내게 그 말을 하고 지나가던 이는 분명 하산 길에 자주 만나던 얼굴이다. 둘 다 비슷한 시간에 산을 찾으니 종종 마주쳤고 연배도 엇비슷해 보였다. 다른 이의 시선이 부담인 성격상 무심하게 지나치던 이에게 예기치 않은 말을 들으니 의외다. 그렇다고 연장자 말이 무조건 고까운 나이는 아니잖은가. 자연을 사랑할 줄 모른다고 내게 면박을 준 것도 아니고 그저 평소 가졌던 자기 생각을 무심히 건넸을 뿐이다. 아무 생각 없었던 내 행동을 돌이보면 충분히게 받아드릴 수 있는 조언이다. 더구나 그녀를 지나쳐 등산로를 벗어났을 때 나는 내 손에 들려있던 나의 욕심을 풀숲에 버려야 했다. 그녀가 옳았다.

작년 봄에 있었던 일이 떠올랐다. 등산 애호가들이 점점 나이를 먹어서일까, 각 지역은 다투어 둘레길을 조성하기 시작했다. 지역의 관광산업은 유행처럼 하나둘 하늘다리도 생겨났다. 커다란 호수를 가로지르거나, 이산 저산의 아슬아슬한 계곡을 연결하는 하늘다리가 등산객을 불러들인다. 그 짜릿한 하늘다리가 포천에도 생겨났다. 136킬로가 넘는 긴 한탄강의 유유한 흐름이 만들어낸 협곡을 가로지른 하늘다리다. 지역 관광지 비둘기낭 폭포는 한탄강의 용암대지가 유수의 침식을 받아 새로운 지형으로 변화해 특별하게 생긴 작은 소(沼)다. 화산이 폭발하면서 생긴 주상절리가 길고도 깊은 협곡을 이뤄 주변을 절경으로 만들었다. 작년 이른 봄 한탄강의 협곡과 둘레길, 그 옆 하늘다리 개통에 맞춰 친구들과 봄 소풍을 떠났다.

개통한 지 얼마 되지 않은 하늘다리는 길이가 짧아 다소 아쉽다. 다리 중간지점에는 바닥이 훤히 내려다보이는 특수 유리, 렉산 소재로 되어있어 천 길 낭떠러지 같은 강줄기를 내려다보려니 가슴이 조여 용기가 필요하다. 다리를 건너 둘레길을 걸으며 친구들과 웃고 또 웃는다. 그 즐거운 순간에 나는 "엄마야!" 비명을 지르고 말았다. 곁에 있던 친구들이 놀라 물었지만 나는 가슴을 부여잡고 진정시켜야 했다. 친구들과 앞서거니 뒤서거니 걸으면서도, 나는 버릇을 못 버리고 길가에 보이는 산나물을 하나씩 꺾어 또 다른 손에 차곡차곡 쥐고 있었다. 무의식적으로 형성된 버릇이리라. 눈을 반짝이며 다른 산나물을 찾고 있는데, 쥐고 있는 산나물이 벌렁벌렁 심장이 뛰니, 내 가슴도 마구 나대기 시작했다.

대체 뭐지? 이게 뭘까, 찰나에도 스치는 두려움에 심장이 사정없이 덜컹낸다. 정신은 이미 반쯤 나갔다. 대제 뭐가 손아귀에서 이렇게 움직이는 걸까. 내 손에는 분명 산나물을 쥐고 있을 뿐이다. 그렇다면 나물 말고 다른 뭔가가 □□□, 생각이 여기에 미치자 '엄마야!' 나도 몰래 비명이 터졌고 산나물은 내던져졌다. 비명과 함께 흩어져버린 나물과 거기에 붙어있었을 풀벌레, 십중팔구 녀석은 인간의 체온과 악력에 위협을 느껴 살고자 발버둥을 쳤으리라. 차마 확인할 생각도 용기도 낼 수 없어 놀란 가슴만 쓸어내렸다. 한탄강 팔경 중 제6경이라는 비둘기낭의 아름다운 주변 경관을 감상하기보다 산나물에 눈을 돌렸던 벌(罰)이었을까. 모처럼 친구들과 산천경개 유람을 하려 했으면 좀 더 친구들에게 집중했어야 했다. 그렇지 못한 내 행위에 대한 벌이었나 보다.

생각만 해도 기분이 좋아지는 문우님이 있다. 사방팔방 감성이 마구 튕겨 나가는 청소년들과 함께 생활해서일까, 늘 파릇한 젊음과 때론 소녀요 때론 야생화 같은 강마을 선생님이다. 어느 날 그녀가 내게 산나물 같은 여인이라 말한다. 평소 세련되지 않다는 걸 나 자신이 너무 잘 알고 있으며, 억지로 꾸며본들 내게 맞지 않으니 주어진 대로 산다. 그런 이 사람에게 '산나물' 같다지 않은가. 그 성겨운 수식어가 썩 마음에 들었다.

절대 강렬하지 않은 저마다 지닌 본연의 향, 그 슴슴한 맛을 떠올리고 기분이 좋아졌다. 정작 어떠한 속뜻이 있는지 물어보았던가. '정말이요? 어디 가요?' 짐짓 너스레를 떨어보지만, 답은 들은 것 같지 않다. 작년에도 올해도 산나물로 호되게 일격을 당했지만, 산나물을 향한 막연한 사랑은 멈출 것 같지 않으니 이 일을 어쩌랴.

- 2019. 봄

밤 풍경

혹서기를 이겨내려고 사람들은 산으로 강으로 계곡으로 푸른 물결 넘실대는 바다로 떠난다. 남편은 남들이 다하면 덩달아 따라 하는 평범함을 거부한다. 자영업자이니 별도의 휴가를 즐기기보다 비수기가 그만의 휴식기다. 애들 어릴 때야 마음 맞는 이웃과 계곡을 찾고 바다를 찾아 추억을 만들었지만 이미 다 성장한 아이들은 제 친구들이 더 좋으리라, 부쩍 줄어든 연례행사에 굳이 헛된 희망이나 서운함을 품지 않는다. 소모전을 펼치고 싶지 않고 상처받고 싶지 않은 이유에서다.

'대체 휴가'를 즐기는 방법도 개발했다. 한여름은 너무나 좋은 독서의 계절이다. 무더위가 기승을 부리는 伏중에는 특별한 만남이 아니라면 약속도 잡지 않는다. 내 집 거실 마룻바닥에 배 깔고 책을 보든, 한낮에 오수를 즐기든 세상은 이미 내 것이다. 거기다 지난 생일에 아이들이 선물해준 노트북이 있어 격의 없는 친구가 되어준다. 번득이는 감성을 갈무리하고 어휘채집을 할 때도 나는 책상에 앉기보다, 어릴 적 포마이카 밥상을 책상 삼던 때를 떠올려 찻상 위에 노트북을 얹고 마주 앉는다. 요금 폭탄이 겁나서 세워둔 에어컨은 폼이라 해도 좋다. 폭염에 지친 고장 난 시계일지라도 시간은 쉼 없이 흐르니, 바람에 묻어오는 흙냄새와 한여름 소나기가 몇 차례 지나가면 이내 하늘이 높아진다. 입추와 말복 처서가 지나면 가을은 분명 우리 눈앞에 가까이 와 있으리라.

한낮 작열한 태양은 작물들 여무세에 지대한 공로자다. 옛집에서의 나는 텃밭에 앉아 풀을 매는 일도 좋아했다. 풀을 매고 돌아보면 크고 작은 작물들이 춤을 추는 것만 같아 좋았다. 맨발로 흙바닥을 걷고 보드라운 황토에 입을 맞춘다 해도 그 사랑의 표현은 결코 넘치지 않는다. 그 쾌미를 잃고 시내 생활을 하고 있는 나는 아직 낯선 이방인 같다. 얼마 지나지 않은 여름밤, 거실 TV는 TV대로 나는 나대로 노트북을 벗 삼던 늦은 밤이다. 열대야는 아니었던지 창문을 열어두고 지나는 이들의 소음을 벗으로 삼았다. 자박자박 발자국이 들리다 멀어지고 두런두런 이야기가 들리다 또 멀어진다. 밤이 이슥해지면서 소음도 줄어들고 고요가 깃든 늦은 밤이다. 문득 내다본 골목, 땅바닥에 한 취객이 자제력을 잃고 지구와 씨름 중이다. '찹쌀떡 망개떡' 아저씨도 돌아갈 시간, 취객들의 불콰한 음성들이 사라져간 늦은 시간에 남자는 왜 저러고 있을까.

때때로 술 취한 골목을 깨우는 건 볼링장에서 쏟아져 나온 청춘의 소리다. 스트라이크 한방에 하이파이브를 하고 맘껏 웃고 즐겼을 그네들의 건강하고 왁자한 소음은 기분 좋은 밤 풍경이다. 바닥과 하나 된 남자를 보기 전까지의 기분이었다. 남자는 여전히 찬 바닥과 한몸이고 옆에서는 또 다른 남자가 연신 전화기를 붙들고 설명 중이다. 취기도 있고 연세도 있어 보이는 것은 통화가 매끄럽지 않으니 드는 생각이다. 응급 환자일까 싶어 조급증이 났지만, 남자의 여유로 봐서 걱정은 싱겁게 끝났다. 긴박해 보이지 않는 남자의 통화와 미세하게 움직이는 남자의 상체, 아마도 남자는 술을 마시다 그 술에 먹힌 것이 분명하리라. 돈가스집 아저씨가 쓰레기를 버리러 나오다 상황을 묻지만, 오층에서 내려다보는 내 상황과 별반 다르지 않다. 참견할 일도 나설 일도 아닌 것 같아 노트북을 당겨 앉는다.

차들이 간혹 지나가고 자박자박 행인의 발소리가 지나갔다. 그리고 다시 남자의 친절한 설명이 시작된다. 신경이 온통 창밖에 쏠려 엉덩이를 다시 떼고 창가에 붙어 섰다. 언제 왔는지 지구대 백차가 서 있고 정복 경찰이 셋이나 된다. 남자는 한껏 톤을 높여 적극적인 설명이다. **'이 친구는 의정부 사는 친군데 술이 좀 과했어요, 좀 전까지만 해도 이러지 않았는데 집에 간다고 나와서는 이렇게 돼버렸네요.'** 그사이 가까운 점포들이 하나둘 간판 등을 껐는지 먼 가로등 불빛만이 애처롭다. 어두침침한 골목에서 경관이 받아 적는지 설명만 듣는지는 알 수가 없다. 대신 경관 하나가 친구분이면 택시를 태워 보내지 그랬냐 묻는 듯하다. **'아, 불렀죠, 불러서 택시가 왔는데 글쎄 삐쭉 상태만 보고 그냥 가버린걸요.'** 귀찮은 승객을 태우느니 그냥 가버리더라는 변명 같은 얘기다.

이미 시간은 자정이 넘었다. 그 자신도 돌아가 쉬고 싶으련만 취객 친구를 둔 죄로 지구대를 불렀던 모양이다. **'어르신 신분증 좀 보여주세요. 신분증 꺼내실 수 있어요?'** 경관 중에 한 여경이 똑같은 멘트를 한 번 더 반복한다. 신고를 받고 출동했을 때에 매뉴얼인 듯하다. 바닥과 하나였던 남자의 움직임이 좀 더 커졌지만 자기 손으로 지갑을 꺼낼 상황은 아닌 것 같다. **'저희가 신분증이나 핸드폰을 꺼내 봐도 되겠습니까?'** 동의를 구하는 여경의 멘트가 다시 한 번 반복된다. **'네네 그 이름은 저 친구 마누라고요, 네네 그 이름이 아들일 겁니다.'** 전전긍긍 애를 태웠을 신고자는 이제 사실 확인에 신명을 낸다. 이미 술에 진 친구를 두고 갈 수 없었던 남자, 저마다 삶의 궤적이 다르듯 삶을 향유하는 방법도 다르겠지. 오랜만에 만난 지우와의 회포 자리였다면 술이 과한들 어찌 나무랄 것인가.

삼 년 전, 살던 곳이 도로에 수용이 되면서 노후대책 목적으로 상업 지역으로 이주해 왔다. 지인들은 모두 잘한 일이라고 했지만 그렇지 못한 나는 아직도 적응해가는 중이다. 나고 자란 고향 만큼 긴 시간을 보낸 마을이다. 한여름 밤 고요를 깨트리는 개구리 소리가 너무 좋아 창문에 열없이 붙어 서서 밤을 지새우던 곳,

알싸한 찬바람이 얼굴을 스치는 상쾌한 들녘의 풍광이 사라졌대도 사람들만은 그대로 아닌가. 눈뜨고도 코를 베인다는 대도시도 아니건만 지레 정을 떼던 심사는 나의 기우였을까. 인간은 환경에 동물이 확실했으니 표면적으로는 잘 적응해가고 있다. 상업지역을 주거지로 하는 것에 우려가 컸듯이 취객들의 고성을 듣는 날이면 쉬 잠들지 못했다. 때로 골목 끝 볼링장에서 쏟아져 나온 젊은이들의 건강한 소음이 도심 멀미의 울렁증을 눙쳐 준다고 졸작 '멀미'에 소회를 적기도 했다.

남자도 신고자도 지구대원들과 모두 떠나간 골목, 취객은 지구대에서 아침을 맞거나 가족이 찾아온다면 그 밤에 안식처로 돌아가리라. 텃밭 딸린 옛집의 잠 못 들던 밤, 그리운 밤 풍경을 잃어버린 지금 새롭고 낯선 풍경을 바라본다. 개구리 소리도 매미 소리도 없는 삭막한 환경에서 어찌 정들이고 살거나 했었지만 이젠 정을 들이려 노력한다. 게다가 경제 불황으로 한밤의 소음이 부쩍 사라진 조용한 골목을 안타깝게 바라보게 될 줄이야. 흙냄새 향기로운 옛 동네도 맨홀 뚜껑 박힌 이 거리의 찬 바닥에도 새벽이슬이 내린다.

- 2019. 한여름

잃어버린 시간

아이를 낳는다고 다 좋은 부모는 아닐 것이다. 한껏 준비된 부모라 해도 마찬가지다. 좋은 부모가 되고 싶지만, 실상은 여의치 않다. 많은 실수와 시행착오를 거치면서 비로소 아이와 함께 어미도 아비도 조금씩 성숙해진다. 서른 몇 해 전, 양가 어머니, 지인들과 육아서적의 도움을 받아도 첫아이 육아는 내게 서툰 시험대가 분명했다.

태어나길 약체로 난 탓에 몇 번의 유산을 경험하고 친정어머니가 달여 온 한약을 먹고 나서야 선물처럼 차례로 두 아들을 얻었다. 임신 채 20주가 되기 전부터 태동을 느끼고 그 설레는 마음을 기록하기 시작했다. 정말 최선을 다해서 예쁘게 키우리라 온 마음으로 기도했다. 모유 수유도 당당하게 일 년이나 했다. 천륜이란 이런 것일까, 아이와 잠시 떨어져도 몸이 먼저 반응을 해온다. 아이와 떨어져 한두 시간만 지나면 유액이 차올라 탱탱해진 가슴을 안고 아기를 찾게 되는 것이다. 그 가슴 저린 행복은 벅차고도 황홀했다. 유산의 아픔을 겪으면서 배부른 임산부나 간난 아기를 보면 부러워 눈물이 날 지경이었으니까. 기다리던 출산 뒤에 가장 일차적인 행복은 '애기엄마'라 불리는 그 어색한 호칭이 눈물겹도록 좋았다.

아이 낳기를 거부하는 요즘 젊은 사람들은 감히 상상도 못 할 기쁨이다. 그렇게 내게 선물처럼 온 내 아이를 찾아오는 손님은 가족 친지 외에 보험사원이나 책 외판원이다. 일회용 기저귀는 비싸고 귀하던 시절, 책 외판원이 빨랫줄에 널린 기저귀를 보고 들어와서는 그림이 많은 유아용 서적부터 두꺼운 양장본 백과사전이나 한 질에 몇십 권 되는 전래동화 세계동화를 권해온다. 아이 월령과 연령에 맞게 형편껏 구매하면 좋을 것을 간혹 무리를 하는 서툰 부모 노릇을 한다. 입담 좋은 영업사원에 긴 회유에도 관심을 보이지 않으면 형편이 닿지 않느냐는 식으로 자존심을 긁거나, 자칫 아이를 덜 사랑하는 것처럼 비춰질까 부정과 모정을 시험하듯 시작된 구매는 유아용 그림동화로 시작해 한동안 이어진다.

나는 어려서나 지금이나 사회적이지 못한 탓에 혼자서 시간을 많이 보냈다. 혼자 놀기의 정수는 다른 무엇보다 독서가 답이다. **'좋은 책은 좋은 친구와 같다'** 프랑스 작가 생피에르의 말처럼 책은 언제나 내게 좋은 스승이었고 친구였다. 그러나 열악한 시골 살림에 도서가 촘촘히 박힌 책장이 있을 리 없다. 충족되지 않는 독서 욕구는 늘 부족한 인쇄물로 갈급을 느끼곤 했으니 그 시절 농촌 상황이 그랬고 없는 시골 살림이라 더 그랬다. 가끔은 서울 친척을 둔 이웃을 거쳐서 오는 책도 있어 행복했다. 『사랑의 학교』도 그렇게 처음 만났으리라. 얼마나 많은 손을 탔던지 표지는 이미 떨어져 나가고 '사랑의 학교'라는 누군가의 손글씨가 적힌 번역물이었다. 몇 번을 보고 또 보아도 처음인 듯 감동은 늘 새로웠다.

그렇게 소중한 추억으로 갈무리된 『사랑의 학교』는 주인공 '엔리코'와 주변 아이들 사이에서 벌어지는 크고 작은 이야기가 담겨있다. 엔리코와 주변 친구들을 돕는 다정하고 정의롭던 덩치 큰 친구는 이제 이름도 가물가물해졌다. 책 속의 책 알토란같은 그 책의 묘미는 역시 선생님이 때때로 들려주던 많은 이야기들이다. 나는 특히 선생님이 들려주는 이야기들을 정말 좋아했다. 어린 가슴에 깊이 각인된 떨리던 감동이 평생 가리라 확신했다. 훗날 내 아이가 태어나면 꼭 그 감동을 전해주리라, 간절하게 기도했다. 어미가 이 책으로 인해 얼마나 행복했으며 또 가슴 따듯한 감동을 받았었는지, 아이가 받을 진한 감동에 대해 나는 한 치의 의심도 하지 않았다. 그러나 아이들 학년이 점점 올라가는데 어쩐 일인지 영업사원이 권하는 팸플릿에는 사랑의 학교도 엔리코도 보이지 않았다. 울고만 싶었다.

분명 내가 감동을 받았듯 다른 아이들도 그랬을 거라 확신하는 믿음과는 달리 세계 명작 속에 엔리코 그 아이는 없었다. 세계 명작 범주 안에 그 책이 왜 빠진 걸까. 아이들이 성장할수록 점점 독서할 시기를 놓치는 건 아닌지 초조해지고 더럭 겁이 났다. 기우처럼 내 아이들은 어느새 만화영화 테트리스 게임기로 흥미를 옮겨갔다. 시간에 따라 반쯤은 포기했을 어느 날 나는 영업사원이 내민 팸플릿을 보는데 소름이 끼쳤다. 분명 '엔리코' 그 이름이었다. 표제는 뜬금없이 「쿠오레」라는 낯선 제목이 붙어있었다. 나는 제목이 바뀐 줄도 모르고 그 오랜 세월을 애타게 기다린 꼴이다. 친구를 본 듯 반가운 마음에 나는 바보 같은 짓을 하고 말았다. 이미 동화와 멀어진 아이들을 인식하지 못하고 털컥 전집을 들여놓고 말았다.

내가 그려왔던 그림을 나는 철석같이 믿었다. 예상이 빗나갔다는 것을 알기까지 그리 긴 시간이 필요하지 않았다. 컴퓨터가 생긴 것도 한 이유겠지만 사내 녀석들이어서 그런지 축구를 한다거나 게임에 빠지는 시간이 많아진 환경이 되어버린 지 오래 아닌가. 아무 생각 없이 들떠있던 가슴은 한기가 드는 것처럼 냉정한 현실과 마주했다. 내게 이만큼의 감동을 안겨주었으니 내 아이들에게도 그만큼의 감동을 주었어야 한다고 바랐지만 허탈하게 무너져 내렸다. 동화에서 멀어진 아이들은 더 이상 책장에 눈길도 주지 않았다. 어린 날의 어미가 감동으로 밤을 지새웠으며 몇 번을 되읽은 명작이라고 회유를 해봐도 아이들의 반응은 더욱 냉담

하다. 너무나 아쉬운 나머지 과거의 감동을 되찾겠다고 펼쳐 든 나의 '사랑의 학교'는 너무나 슬프게도 내게 더 이상 아무런 감동도 주지 못했다.

왜일까. 대체 무엇이 문제였을까. 사랑의 학교가 쿠오레로 제목이 바뀌었다고 감동도 앗아간 것일까. 어린 시절을 통틀어 나에게 꿈과 환상을 심어주었던 사랑의 학교는 대체 어디로 사라진 걸까. 애써 고이 간직했다고 믿어왔던 감동은 허망하게도 존재하지 않았다. 서툰 어미가 긴 시간 찾아 헤맨 어릴 적 친구, 그 잃어버린 시간이 안타까워 나는 울고 말았다. 내가 그토록 원했던 것은 새 인쇄물의 향기를 품은 말간 얼굴로 내 아이들에게 감동을 주는 것이었다. 그러나 실상은 퀴퀴한 냄새가 나는 낡은 사랑의 학교를 그리워했던가 보다. 어린 날의 순수함을 뒤로하고 벌써 수십 년이 흘렀다. 돌아보니 추억은 추억일 때 더 아름답다는 진리가 새삼 가슴에 와 박힌다.

고양이 부동산

일 층 현관을 나서면 달그락달그락 낯익은 소음이 아침 골목을 깨운다. 열 손가락을 다 세고도 남는 많은 녀석을 건사하느라 부동산 일은 늘 뒷전 같다. 우리 집과 담장 하나로 이웃한 부동산 안주인의 취미거나 소일거리인가 싶다가도 주말 휴일도 없이 출근하는 모습을 보면 존경스럽다. 어쩌면 저렇게 한결같으실까, 다소 냉철해 보이는 사모의 인상이 전부가 아니었다.

부동산 안주인이 고양이를 만난 사연이 재미있다. 아니 운명적이었는지도 모른다. 여러 해 전 상처투성이로 떠도는 고양이를 처음 만나게 되어 정성껏 치료를 해주고 사료를 구해 지극하게 보살폈단다. 다행히 치료가 주효했는지 건강이 좋아졌고, 이후 친구를 불러들이듯 한 마리 두 마리 순식간에 모여들어 십여 마리로 늘어나더란다. "그 고양이가 소문을 내고 다녔나 봐요." 나의 싱거운 농담에도 "정말 그랬나, 어쩐지 그때부터 늘어나더라니"

웃음으로 맞받아 주신다. 한두 마리도 아니고 얼마나 손 가는 일이 많을 텐가, 소싯적에는 친구도 좋아하고 술도 좋아했다는 부동산 사장님, 성인병 재발 방지로 종일 운동만 하시는 사장님을 대신한다. 부동산 업무에다 녀석들을 돌보는 많은 일과는 그분의 애니멀 사랑과 박애 정신이 기저에 깔렸음이 분명하다.

양지바른 곳에서 나른하게 해바라기 하는 녀석들은 상상만으로도 평화로운 그림이다. 소문난 척추동물인 녀석들이 걷는 모습은 마치 우아한 여인 같다. 자유자재로 움직이는 조막만 한 손으로 세수도 하고 단장도 하고, 사뿐사뿐 걷는 태는 또 요염한 여인이 따로 없다. 자신이 시선깨나 받는다는 걸 즐기는 것 같다. 녀석들에게 이런 우아한 모습만 있는 것은 아니다. 어쩌다 녀석을 맞닥뜨리면 반드르르한 갈기를 곧추세우고 '사악' 하얀 이빨로 적대감을 드러낸다. 모골이 송연해지고 진땀이 흐르지만, 그렇다고 털 가진 짐승을 전부 싫어하는 건 아니다. 꼬물꼬물 작고 귀여운 강아지를 만나면 미소가 번지고 만지고 싶은 충동이 인다. 고양이와 친해질 수 있는 계기가 있었더라면 다 큰 고양이를 두려워하지 않고 성난 갈기쯤은 극복했어야 할 일이었다.

오래전 옛집에서의 일이다. 당시 중학생쯤이던 큰아이가 슬픈 얼굴로 들어왔다. 남편 작업장으로 쓰는 창고 안 차양에 몸이 낀 채 고양이가 주검이 되어 있단다. 학교를 다니오던 어느 날 고양이가 빠져나오려고 버둥거리는 걸, 급한 마음에 무턱대고 팔을 뻗어 녀석을 구하려고 했던 모양이다. 발버둥을 칠 때마다 몸은 더 옥죄었을 녀석에게 다가갔던 아이에게 겁에 잔뜩 질린 놈이 '사악' 하얀 이빨로 적대감을 드러내니, 혼비백산 놀란 아이가 그 자리를 빠져나왔던가 보다. 소름 돋던 기억이 싫었던지, 짐짓 모른 채 한 이틀 머뭇거리다 들어가 보니 이미 녀석은 싸늘한 사체로 변했던 것이다. 며칠을 물도 음식물도 입에 대지 못하고 몸부림을 쳐댔으니 그대로 아사한 것이리라. 고양이를 만져본 적이 없던 아이는 아이대로, 나는 나대로 가족 간의 줄어든 대화가 사태를 유발한 주범만 같아 마음이 편치 않다.

어느 때인가 부동산 사모님과 이야기할 기회가 닿아 평소 궁금했던 이야기를 물었다. "혹시 건물 사모님은 고양이 키우는 거 뭐라고 안 하세요?" 평소 친자매처럼 다정해 보이는 두 분사이지만, '조물주 위에 건물주'라고 항간에 떠도는 우스갯소리가 있지 않은가. 그런 건물 사모님 묵인이 오랜 친분 때문인지 또 다른 이야기가 있는지 궁금했다. 예상했듯이 처음엔 그리 좋아하지 않았으며 마음이 바뀐 이유가 또 재미있다. 주변 다른 건물들은 비둘기 때문에 골머리를 앓는 것과 무관하지 않단다. 고양이를 키우다 보니 비둘기로 피해를 보는 타 건물들과는 확연히 다르더란다. 고양이 분변 냄새 때문인지, 비둘기 분비물 피해로부터 자유로워졌다는 결과를 도출하게 되었으니, 결국 묵인도 방조도 아닌 적극적인 동조였다는 이야기다. 옥상은 물론 비둘기가 앉았다 떠난 건물 상부마다 분비물로 인한 골칫거리가 확실했으니, 약한 동물을 사랑한 박애 정신에 내리는 귀한 포상인 셈이다.

부끄럽게도 나는 고양이를 돌보는 사모님을 존경하면서도 건물주 입장에서 고양이 부동산을 바라보았던가 보다. 이곳으로 이사 온 지 서너 해, 나 역시 근처에서 비둘기를 목도한 바 없으니 알게 모르게 고양이 덕을 보고 있었을지도 모른다. 어린아이 손타듯 먹이고 배설물 청소하고 그 수고를 마다하지 않는 고마운 이웃으로 얻어진 행운을 나도 누리고 있었다. 봉사하는 마음이 예쁜 줄은 알지만 정작 실행하기란 얼마나 어려운 일인가. 내가 할 수 없는 일을 하는 그분은 분명 날개 없는 천사다. 오늘도 '달그락달그락' 고양이 식기 닦는 소음이 늦은 아침을 깨운다.

항아리

'깨똑 깨똑 깨똑' 나른한 봄날 카톡이 바쁘게 울어댄다. 시간차를 두고 울리던 녀석이 기어이 나를 끌어당긴다. 오층 자신의 집 옥상에 꽃나무며 과실나무며 온갖 야채를 심어 이웃과 나누는 걸 좋아하는 수원 친구다. 초록이 더해가는 옥상 전경 사진이 네댓 장, 그리고 짧은 사연이 하나가 들어와 있다. 봄볕이 무르익은 옥상에 반지르르한 여럿의 옹기 항아리가 풍경의 마침표를 찍는다. 거기다 그녀의 소회가 담긴 문자를 보니 가슴이 먹먹해진다.

노옥을 지키던 친정 동생이 누이에게 보내준 어머니의 항아리란다. 잠자던 그리움이 일시에 깨어난 걸까, 그녀는 어머니 손때 묻은 항아리를 받아놓고 감정이 북받쳐 그만 위로가 필요했던가 보다. 갑작스러운 어머니의 부음을 받은 당시 친구는 감당할 수 없는 충격에 정신을 잃었다. 예고 없이 다가온 어머니와의 이별 어머니를 쉽게 보내버릴 수 없던 친구는 오랫동안 평정심을 잃었다. 그런 누이를 지켜봐 왔던 동생이 살림을 시내로 옮기게 되면서 노옥을 지키던 묵은 살림을 누이에게 대물림해줄 요량으로 항아리를 보낸 것이다. 윤기가 나도록 행주질을 하다 말고 주저앉아 눈물을 쏟고 말았다는 친구, 이심전심 어머니를 잃은 사람은 다 아는 슬픔에 함께 젖어버렸다. 병환 중이셨다 해도 준비된 이별이라 해도 천애고아가 되었다는 텅 빈 공허는 내게도 큰 충격이요 아픔이 아니었던가.

오 남매 중 외동딸인 그녀는 유난히 부모님과 각별했다. 거기다 권위적이지 않고 다정하고 자상하셨던 아버지와의 유대는 너무나 당연하다. 그 멋쟁이 아버지를 먼저 떠나보낸 어머니는 많이 힘들어 하셨다. 그 모습을 바라보는 딸의 마음은 또 어땠을까. 평상시 어머니는 너무나 강건하셨고, 누구보다 단단하셨던 분이셨기에 어머니의 급작스러운 비보는 그녀에게 감당하지 못할 충격이었다. 부음을 받아들고 망연자실한 친구로 인해 많이도 안타까웠다. 가슴 저린 아픔도 시간이 흐르면 무디어간다. 현실을 부정하고 싶을 만큼의 충격도 시간이 다독여 주었다. 그럼에도 언 듯 언 듯 떠오르는 그리움을 어이할까. 맛있는 걸 먹어도 좋은 걸 보아도, 길을 걷다가 부모님 연배와 비슷한 어른을 만나도 불현듯 떠오르는 그리움 아닌가.

그 친구에게 항아리는 단순한 어머니 유물이 아닐 것이다. 어머니의 손길이 무수히 닿은 추억의 상징물이다. 명절이며 집안 대

소사에 더욱 빛이 나던 어머니 솜씨다. 그 품에서 나고 자란 4남 1녀의 추억이 고스란히 담겨있으니 감흥은 남달랐으리라. 사회생활하시는 아버지의 많은 손님을 위해, 가족들의 일상적인 건강한 밥상을 위해, 어머니는 수도 없이 장독대를 오르내리셨을 것이다. 아름다운 추억의 정점, 그 항아리를 하릴없이 바라보다 그리움이 목까지 차올라 주저앉았다는 그녀, 토닥토닥 마음의 위로를 보낸다. 아파트니, 다주택이니 이젠 장을 담을 수 없는 풍조다. 그녀도 한 살림을 해온 지 수십 년이니 어머니의 항아리가 장을 담는 용도로 사용될 리는 없지 싶다. 개인주택이 아니고서야 보관이 용이하지도 않으니 짐이 될 수도 있는 일 아닌가. '뉘 집 장맛이 어떻다'는 말은 옛이야기가 되고 말았다.

눈 덮인 장독대의 알싸한 추억은 이제 기억 속에 묻어야 한다. 추억이 사라지는 여러 요인 중에는 현대화된 단출한 가족도 그렇고, 건강 생활을 위한 염분 섭취의 지양도 항아리의 쓰임을 저해하리라. 어머니의 손때 묻은 추억이 어쩌다가 이런 홀대를 받는 시대가 되었을까. 그러거나 말거나 항아리는 친구의 손길로 반짝반짝 윤이 난다. 솜씨 좋은 어머니는 저 항아리에 고추장이며 된장이며 볕 잘 드는 장독대에서 알맞게 익혀 아들 집으로 딸 집으로 당신의 사랑을 퍼 나르셨을 것이다. 저 중에 하나쯤은 동치미 항아리는 아니었을까. 약주가 과한 다음 날 속 부대낀 아버지의 속을 달래주기도 하고 동치미국수 같은 겨울 별미의 재료가 된 고마운 단지가 분명하리라. 늦은 봄 입맛 가신 봄철 최후의 보루 같은 소금 김치 단지도 하나쯤은 있지 않았을까, 젓갈을 넣지 않고 최소한의 양념만으로 담던 깔끔한 봄김치를 떠올려 본다.

봄 햇살을 받은 사진 속 항아리가 그녀의 눈물을 닮아 더욱 반짝인다. 둥싯둥싯 새 생명을 잉태한 임산부 같은 모습이라서 더 정겨운 항아리, 윤이 나도록 닦고 또 닦아 반들반들 윤이 나는 항아리는 어머니들의 자존심이었다. 그 안에 품고 있던 어머니의 사랑, 마술 같은 어머니의 단지가 그녀의 손길로 다시 웃는다. 추억에 잠겨 울컥했던 그녀도 어머니 항아리처럼 다시 웃게 되리라. 부지런한 그녀는 또 어떤 마술을 부려 항아리를 채우고 어떤 나눔을 할지 자못 기대가 된다.

- 2019. 이른 봄

물맴이

조용했던 이 도시에 낯선 이들이 보이기 시작했다. 아니, 벌써 이태는 지난 것 같다. 이 작은 소도시에서 거의 매일 마주치지만, 또 그들의 표정은 읽을 수가 없다. 웃음기나 그밖에 다른 감정이 담긴 표정을 본 적이 있었던가. 이 지역에 낯선 이방인이 분명한 저들은 대체 어디서 온 누구란 말인가.

햇살 머금은 물웅덩이 그 수면을 쉬지 않고 배회하는 물맴이들을 떠올리게 한다. 봄비 내리는 거리에서도 불쾌지수 치솟는 오뉴월 염천에도 숱한 날을 하루 같이 같은 곳을 맴돈다. 세상이 온통 휴가를 떠나는 한여름이나 나라 전체가 한곳에 집중된 험악한 사태가 벌어진 나랏일에도 아랑곳없다. 마치 묵언 수행하는 수도승처럼 길 잃은 나그네처럼 쉬지 않고 거리를 헤매는 저들은 대체 무슨 일을 하고 있는 걸까. 세상일과는 무관한 사람들처럼 다른 일은 관심 밖이요 오직 걷는 것만이 자신들의 사명인 양 걷고 또 걷는다. 자칫 잘못 응대를 했다가는 그들 언변에 넘어가 봉변을 당하리라는 소문은 어쩌면 소문이 아닐지도 모른다. 아무도 그들 말에 귀를 기울이는 것을 나는 본 적이 없으니 말이다.

어릴 적, 딱히 외향적이지 못한 나는 밖에 나가 뛰어놀고 싶어도 친구들이 불러주기만을 기다렸다. 내 소극적인 탓이겠지만 '노올자.' 친구들이 불러주는 소리를 놓칠세라 방에서 마루로 들락날락하는 나를 두고 어머니는 '원 부지를 못하네. 꼭 하는 짓이 물맴이 돌듯, 쯧쯧쯧' 혀를 차시기도 했다. 그때 '물맴이'라는 단어는 퍽 생소하게 들렸는데, 한여름 쓰르라미처럼 시원하게 울어대던 매미는 그렇다 쳐도 물맴이란 놈은 본 적도 없었고 단지 막연하게 물방개를 닮았거나 혹은 소금쟁이를 닮지 않았을까 상상만 했을 뿐이다. 까맣게 잊은 어릴 적 일들이 떠오른 건 하루에도 여러 차례 맞닥뜨리는 저들을 보고 나서다. 어쩌면 저리도 쉬지 않고 종일 발품을 팔고 다니는 걸까. 신기하기보다 뭔지 모를 슬픔이 묻어난다.

한여름 에어컨 실외기가 열기를 내뿜는 도심을 작은 손부채 하나 들고 걸었고, 바쁜 걸음으로 귀가를 서두르는 한겨울 삭풍에도 쉬지 않고 걷는다. 종일 거리를 헤매는 저들은 개인의 실익을 위한 일일까. 아니면 공동이익을 위한 몸짓일까. 도대체 관심조차 보이지 않는 사람들 틈에서 왜 벗어나지 못하고 거리를 헤매는 것일까. 그들은 보통 남녀 둘이 한팀이거나 혹은 남자 두 사람이 팀을 이루어 좁은 지역을 배회하니 어느 날은 두세 차례나 마주친다. 참으로 기겁할 노릇이다. 그들 차림은 비교적 평범하지만 그중 여자들은 웨이브 없는 머리를 반듯하게 하나로 묶은 모습이 꼭 누구네 며느리였다면 좋은 인상이다. 그런 그들을 두고, 혹자는 벌레라도 본 듯 대하지만 전혀 개의치 않는 걸 보면 보통 내공은 아니다.

얼핏 그들 일은 종교 관련 일일까도 싶지만, 막상 특정 종교를 들먹이는 걸 본 적이 없다. 선교활동을 같지도 않은 것이, 선교활동을 하려면 보통 손바닥만 한 선교용 전단이라도 쥐어주련만 단지 그들은 지나는 이를 붙잡고 '종교 얘기 아니니 한 번만 들어보세요.'라던가 '참 공덕이 많아 보이세요.' 상투적인 말로 길가는 이를 막을 뿐이다. 보통 처음이 아닌 사람들은 눈길도 주지 않고 휭 하니 가버리기 일쑤요 '바빠요.' 짧은 답을 남기고 지나치지만, 그들은 민망해하거나 굴하지 않는다. 그저 늘 그렇듯 '참 공덕이 많아 보이세요.' 다른 이들을 향해 앞으로 나갈 뿐이다. 항간에 떠도는 비슷한 유형의 사기단처럼 평범하고 선량한 서민들에게 다가가 '하는 일이 순조롭다'라거나 '일이 잘 풀린다.'는 감언으로 상대를 회유한단다.

보통, 조상의 제사를 잘 모셔준다는 말에 관심을 보이면 '이런 것을 더 추가하면 훨씬 더 좋다.' 식으로 금액을 부풀리고 애초에 작은 제사라던 규모는 큰 제사가 된 다음에야 매듭을 짓게 된다니 진정성이 의심 간다. 소문은 주로 지방에서 올라오는 역 근처에서 횡횡한다고 들어왔지만, 작은 소도시 그래 봐야 인구 십만도 훨씬 못 미치는 이 작은 지역까지 저들이 출몰할 줄은 아무도 예측하지 못했을 것이다. 지역 주민 누군가 출근 시간에 한 원룸 주택에서 쏟아져 나오는 저들을 목격했다는 것을 추정해보면 거의 체계적이고 조직적으로 움직이는 사행성 집단임이 틀림없다. 앵무새 같은 저들 이야기에 귀를 기울이거나 관심을 갖는 이가 있을 리 만무하고 자신들을 피해 걸음을 빨리하는 사람들이 있을 뿐이다.

종교 생활이 아닌 이 일이 저들의 직장생활이라면 크고 작은 성과를 보여야 할 것이다. 그런 저들이 성과급을 받을 만큼 이 일에 성공을 했을까. 전혀 그랬을 것 같지는 않다. 또 종교 생활이라도 직장생활이라도 문제는 같다. 젊은 저들이 체계적인 훈련을 거쳐 거리로 나와 종교 전파를 가장한 자신들의 잇속을 챙기기 위해 마수를 뻗치는 것이라면 참으로 개탄할 일이 아닐 수 없다. 하나같이 멀쩡한 모습을 하고 전혀 호의적이지도 않고 맞닥뜨리는 사람마다 적대감을 표시해도 전혀 굴하지 않는 저 내공, 기껏 삼사십 대의 젊은 사람들이 왜 이런 환영을 받지 못 하는 일을 하는 것일까. 한창 경제활동을 할 젊은이들이 왜 이런 일에 휘말렸을까. 베짱이족의 살아가는 또 다른 자구책인 걸까? 답은 알 수가 없다.

노동의 신성함을 나타내는 문구 중에 '일하지 않는 자 먹지도 말라'는 말은 왠지 청년실업자, 직업을 찾지 못한 이들에게 터무니없는 위화감을 주고 일침을 가하는 상징적인 격언 같아 왠지 마음이 무겁다. 백수가 되고 싶어서 되는 사람이 세상에 있을까, 사상 유례가 없는 작금의 청년 실업률을 대할 때마다 가슴이 시려온다. 열심히 일하는 사람이 가장 아름답다는 것에 누가 이의를 달 것인가. 프랑스의 평론가 보브나르그는 **'노동에서 얻은 열매는 모든 쾌락 중에서 가장 맛있다'**라는 말로 일하는 즐거움을 단적으로 표현했고 독일의 정치가 비스마르크는 **'일하라, 더욱 일하라, 끝까지 일하라'** 강력한 세 마디를 청년들에게 권고했다니 모든 삶의 기준을 노동으로 귀결 지었다고 하겠다.

노동의 신성함을 저버린 채 누구 하나 이야기를 들어주거나 곁도 주지 않는 상황에서 이 지역을 벗어나지 못하는 저들이 안타깝다. 대체 어떤 사명감이면 저 차가운 시선과 질시에 가까운 냉대도 버텨낼 수 있는 것인지, 시대적이고 상황적인 복잡한 현실이 아프다. 물 밖 세상을 알지 못하고 물 위를 떠도는 물맴이처럼, 인간 물맴이들은 오늘도 반기는 이 없는 이 도시를 한결같은 보폭으로 걷고 있다. 그들의 하루가 또 그렇게 간다.

늪

볼일을 마치고 돌아오는 길에 수유에서 포천행 72번 버스를 탔다. 그 시간 버스 안 사람들은 일과를 마치고 각기 집으로 돌아가는 지친 승객들이 대부분이다. 시인 김광규는 그의 시〈저녁 길〉에서 '우리는 매일 파충류처럼 늪으로 돌아간다.'고 했다. 시인의 말처럼 우리의 저녁은 삶에 지친 파충류들이 또 다른 늪으로 향하는 길목이다.

여덟 시가 넘은 버스는 일과를 끝낸 사람들의 퇴근길이거나 긴요한 만남이나 볼일을 마치고 귀가를 서두르는 사람들로 차 있다. 남녀청춘들과 중장년 학생들로 만원이다. 생각해보니 오늘은 특수직을 제외하고는 모두가 쉬는 현충일 휴일이었다. 혹시 국립 현충원 참배객이 있었을까 싶지만, 겉으로는 알 수 없는 노릇이다. 향긋한 출근길 아침 버스는 장미, 라벤더, 진한 허브 향들이 온통 뒤섞인 여인들의 향수, 향긋한 비누 냄새로 잘 가꾼 꽃밭을 연상케 한다. 꼭 여자가 아니어도 학생이든 직장인이든 또 어린 학생이라도 바디용품이나 스킨 향을 말갛게 풍기고 사는 세상 아닌가. 잠이 덜 깬 사람은 있어도 기본을 거르고 나온 사람은 없을 터였다. 그러나 그런 풍경은 퇴근 시간을 기점으로 공기가 달라진다.

하루 동안 찌든 땀 냄새, 온갖 음식 냄새와 알코올 냄새까지 뒤범벅이 된다. 우리 삶의 또 다른 단면임을 알면서도 눈살이 찌푸려지는 걸 들키지 않으려고 다른 생각을 하거나 오지 않는 잠을 청하려 눈을 감아 본다. 그것도 좌석이 있을 때 가능한 일이다. 조용히 잠에 빠진 낯선 중년 남자를 보기 전까지 그랬다. 조금 전 차내 모든 이목을 집중시키고 소동을 벌인 사람이라고는 믿기 어렵다. 남자는 의정부 중심가를 벗어난 외곽에서 서넛의 승객과 같이 버스에 올랐다. 이미 알코올이 남자를 집어삼킨 듯 비척거리던 사내가 자리를 잡고 서서 지갑을 찾느라 앞뒤 주머니를 더듬으며 '수유리 얼마요' 묻는다. 놀란 기사가 '길 건너 반대쪽에서 다시 72번을 타셔야 합니다.' 비교적 젊어 보이는 기사님의 친절한 답에도 그는 내릴 생각이 전혀 없어 보인다.

앞뒤 좌우 건들거리는 품새는 이미 다른 사람의 조언을 받아들일 만큼 이성적이지 않다. 버스 기사님도 더 이상 남자를 강제로 내리게 하지도 않았고 실랑이를 하지도 않았다. 디들 무슨 상황인가 싶었겠지만, 기사님은 자신의 경험을 믿는 걸까 아니면 이

것만이 최선이라고 생각했을까, 아무 일 아니라는 듯 버스는 내달린다. 지갑을 들고 수유리 가는 차비를 내야겠다고 펼쳤다가 닫았다가를 반복하더니 이번에는 술주정이 시작됐다. 알아들을 수 없는 말로 대상 없는 대화를 하지만 한마디도 알아들을 수가 없다. 얼마 지나지 않아 나는 그의 주사가 얼핏 영어인 것에 놀랐다. 그는 아무도 알아들을 수 없는 영어로 주사를 부리고 있었던 것이다. 한두 마디가 아닌 것을 보면 그에게 영어는 온전한 생활 언어였던가 보다.

지금은 흔적조차 모호해졌지만, 한때는 의정부 일대 미군 부대가 있었다. 남자가 버스에 오른 지역도 그 부근일 것이다. 자신의 언어를 두고서 영어로 주사를 부리는 양이 왠지 서글퍼 보인다. 분명 그는 조금 전까지도 우리말을 하던 내국인이다. 그런 그가 우리말은 단 한마디도 없는 영어로 주사를 부리고 있지 않은가. 잠시 전까지 이 남자와 영어로 소통하다가 헤어진 이는 누구였을까. 어쩌면 현충일에도 아랑곳없이 근무를 하고 돌아가는 길에 거나하게 취했을 수도 있고, 휴일을 맞이 예전 근무지를 찾아 코쟁이 동료를 만나 한바탕 영어 수다로 논쟁을 벌이다 막 헤어진 것은 아니었을까. 생활의 늪에서 허우적대던 중년 사나이에 저 알 수 없는 주사로 인해 지역을 고려한 온갖 상상을 해 본다.

얼마 전 문우들끼리 나눈 대화가 생각난다. 우리말을 유창하게 잘하는 외국인을 보고 난 뒤였다. 저들은 어쩌면 저렇게 나 우리

말을 잘할까. 많지 않은 해외여행에서 현지인을 만나면 대화는커녕 단어 찾기에 급급했던 내 경험을 비추어 봐도 외국 근로자들의 빠른 한국화 풍경은 몹시 부러운 상황이었다. 우리 세대에는 중학교에 이르러서, 환경이 달라진 지금은 초등학교 훨씬 이전부터 영어를 접한다. 그렇다고 영어권 외국인을 만나면 저렇듯 소통이 자유로울 것 같지는 않다. 그러나 그들이 우리보다 머리가 더 좋을 것이라는 상상은 하기 싫다. 두뇌라면 우리나라 젊은이들도 못지않을 테니까. 그러나 답은 의외로 쉬웠다. 저들에게 한국어는 생활에 필요한 소통 도구요 살아가기 위해 습득한 일상어가 아니었을까.

낯선 이국땅에서의 생활언어요 소통 도구이니 빠르게 습득하고 자기화했을 것이다. 부딪치고 맞닥뜨리며 몸으로 익혀왔을 타국어, 직장에서 또 사회에서 멀어지지 않으려고 그들은 무진 애를 썼으리라. 사회생활이란 거대한 늪지대에 가련한 파충류로 남고 싶지는 않았겠지. 코리아 드림을 안고 떠나올 때 원대한 각오와 결심 없이 조국을 떠나왔겠는가. 낯설고 물선 이곳에 뿌리를 내리건, 일정 기간을 지나 고국으로 돌아가 큰 뜻을 펼치건 그들은 이미 얼마쯤은 성공한 인생이지 않을까. 영어로 주사를 부리던 중년 사내도 간절한 직장생활에 필요한 언어였음을 가늠해본다. 문득 상상에서 벗어나 앞자리를 보니 버스 기사님 계산이 맞아떨어진 듯 그는 이미 깊은 잠의 수렁 편안한 늪지대에 빠져 있다.

술 취한 승객을 내리게 하지 않은 것은 안전을 고려한 기사님의 배려였을까. 길 건너 반대쪽 상행버스를 타야 한다고 강요하거나 반강제로 내리게 했다면 취객은 무서운 일을 당할 수 있는 상황이었다. 남자는 이제 잠을 자고 종점에 다다라 다시 되짚어 반대 반향으로 안전하게 귀가하면 될 일이다. 귀가 시간이 두세 시간 늦어지는 것뿐 안전에는 문제없다. 다만 지친 파충류가 늪으로 돌아가는 시간을 잠시 늦췄을 뿐이다.

Turning Point

동행 중 가장 어린 일행의 눈자위가 금세 붉어졌다. 뉴질랜드 여행 내내 유독 해맑던 그녀다. 이제껏 나보다 감정이입이 빠른 사람을 본 적이 있었던가. 남달리 빠른 그녀의 감정변화가 낯설어 내 감정을 수습할 겨를이 없다. 동질감을 느낄 즈음 그녀의 고운 눈에서 기어이 '후드득' 눈물이 떨어졌다.

여행 내내 우리는 알파카라는 동물에 대해 들어왔다. 언젠가는 알파카 모피 매장으로 데려가리라는 것은 충분히 예견되었다. 그러나 머릿속으로 준비하고 대처를 했음에도 무방비상태가 되고 말았다. 제품 설명이나 멋진 제품에 현혹되기보다 엉뚱하게도 감정에 치우친 **'his story'**를 마주한 때문이다. 얼핏 보아 육십 줄에는 들었을까, 회사 가운을 입은 그였지만 카리스마만은 남달랐다. 더구나 종일 막힘없고 거침없던 가이드가 조심스러워하는 양으로 의혹이 커진다. '리디아 고' 후원회에서 대표님을 몇 번 보았노라 조심스럽게 말하는 가이드, 참으로 기이한 상황이다. 그간 가이드가 주입시켜 각인된 멘트 중에 관광 명소 곳곳에 비치된 **'한글 안내서'**는 성공한 교민 사업가와 전직 교육자였던 교민들의 피땀 어린 노력이었다는 설명과 골프선수 **'리디아 고'**의 사연을 들었던 바다.

뉴질랜드 이민자의 딸 리디아가 국제대회 출전 자격을 따 놓고도 경제적 어려움에 봉착해 참가마저 불투명할 때 우리 교민과 현지인들의 적극적인 후원으로 대회 출전을 했으며 지금에 이르렀다는 이야기였다. 지난해 브라질, '리우올림픽' 당시 뉴질랜드 선수로 출전한 리디아 고를 떠올렸다. 그렇게 후원을 받은 리디아는 세계적인 선수로 성장을 했고, 리우에서는 '박인비'에 이어 2위를 했다. 리디아가 왜 뉴질랜드 국기를 달고 출전했던 건지 의혹은 사라지고 이해를 돕기에 충분했다. 후원의 밤 행사에 미력하나마 작은 힘을 보탰다는 가이드의 자부심도 느껴졌다. 나 역시 지난 올림픽에서 한국의 딸 박인비 다음으로 리디아를 적극적으로 응원했던 기억을 떠올렸다. 어찌 됐든 한 뿌리가 아닌가.

성공한 교민 사업가, 우리는 알파카 제품 설명은 제쳐두고 한 남자가 피땀 흘려 이룩한 성공 뒷 이야기에 귀를 기울였다. 희망으로 시작한 이민 생활이 좌절을 넘어 절망의 순간에 이른 아픈 사연과 최악의 상황에서 인연을 만나고 재기의 발판으로 삼아 오늘에 이른 그야말로 드라마틱한 사연이다. 그는 집안 사정으로 상급학교 진학을 못 하고 어린 나이에 '솜' 공장에서 직공 생활을 시작했다. 어떻게든 성공하고 싶었던 중년 남자는 이십 대 초반에 뉴질랜드에 이민을 왔다고 했다. 그는 한국에서의 경험을 살려 양모공장에 몸담고 열심히 꿈을 키웠다. 그러나 어디든 침구류는 소모품이 아니다. 더구나 침대 생활을 하는 사람에게는 더욱더 그랬을 것이다. 기온이 내려가면 집 안 공기를 덥히기 위한 벽난로에 장작을 더 넣지 비싼 양모 이불을 사겠는가.

그러던 중 몇 대째 가업을 이어왔다는 현지 사장은, 운영상 이유로 폐업위기에 처했다. 공장가동 중단 위기에 그를 포함한 직원들은 실의에 빠졌다. 고국에서 날아와 부부의 연을 맺은 그의 아내도 눈앞이 캄캄했으리라. 그는 고심 끝에 현지인 사장한테 공장을 맡겨달라고 떼를 쓰기 시작했다. 정당하게 돈을 주고 인수를 할 것 같으면 사정을 할 이유도 없었겠지만 그럴 여력은 없던 그는 그동안 보여준 성실성과 다져온 경험만으로 사장을 설득했다. 몇 대째 가업이라는 공장이 그대로 멈춰 서는 것보다 더 낫겠다는 생각을 했는지, 운명처럼 공장이 그의 소유가 되었다. 첫 번째 인연이었다. 큰 그림을 그리며 정신적 재무장을 했고, 태생이 게으른 현지 직원을 내보내고 고국에서 불러들인 직원들과 착실하게 제품 생산을 해나갔다.

그러나 애써 생산한 양질의 제품들이 판로에 부닞혀 창고에 쌓이니 자금 회전이 될 리가 없다. 먼 뉴질랜드까지 날아온 직원들을 위해서라도 다른 방도를 강구해야 했다. 재도약의 발판으로 새로운 신종 모피 제작에 착수를 하고, 수차례의 걸친 시행착오를 거쳐 생산한 '알파카 모피' 제품을 생산하기에 이르러 성공이 눈앞에 보였다. 그러나 그의 오판이었다. 불행하게도 사람들은 낯선 알파카에는 관심을 두지 않았고 자금 사정은 더욱 나빠졌다. 더 이상 희망이 없다고 생각한 그는 술로 나날을 보냈다. 그 무렵 아내도 영영 그의 곁을 떠나갔다. 어린 나이에 직공 생활을 시작한 그녀는 섬유 계통의 미세한 먼지로 인해 폐질환에서 자유롭지 못했다. 회사 일로 낙담하고 방황할 때 아내의 밭은기침을 간과했었노라 자신을 나무랐다.

성공을 못 보고 떠나간 아내, 가슴 아픈 아내 때문에 그는 더욱 술에 의지했다. 죽음도 두렵지 않았다고 했다. 술로 나날을 보내던 어느 날 눈을 떠보니 병원이었다. 길가에 쓰러진 자신을 누군가 병원으로 옮겼고 사흘 만에 깨어났다. 아무런 생의 의욕 없이 그림처럼 누워 등창이 날 때쯤 문득 지원을 시켜 알파카 패드를 가져오게 했다. 병원 침상에 깔린 모피 패드를 본 담당의에 강한 질책이 당연했다. 소독처리 된 시트를 깔아야 한다는 단호함에 기죽지 않고 그는 알파카 장점을 열거했다고 한다. 숨을 쉬는 알파카 모피는 욕창 방지는 물론 기온에 따라 체온을 유지해준다며 담당의에게도 사용해 보라고 선물을 했단다. 사흘이 지났지만, 담당의는 아무런 답이 없었다.

그만하면 알파카의 좋은 점을 발견했어야 했다. 초조한 시간이 흐르고 며칠 만에 담당의가 손을 내밀어 왔다. 서른 몇 개나 되는 병원 침상에 모두 알파카 패드를 깔겠다는 제안과 함께. 그는 의사요, 학자다. 하루 이틀 알파카에서 생활해보고 뭔가 남다른 점이 있다고 판단되어 과학적으로 증명하기로 하고 좀 더 세밀하게 관찰하고 현미경을 들여다보고, 진드기가 살지 못하는 조건, 체온을 유지하는 데 적격 요인을 데이터로 뽑아 그에게 내밀었다. 엉켜있던 실타래가 일시에 풀리는 순간이었다. 물건만 잘 만들면 자연이 판로는 열리게 되리라는 생각은 그의 오만이었다. 좋다는 근거도 없이 세상에 내놓았으니 성과가 있었겠는가. 사람들은 근거에 약하다. 그로서 인생 최대의 **Turning Point**를 만났으니 그가 두 번째 인연이다.

그리고 또 한 사람, 당시 병원에서 벌어지는 상황들을 모두 보아 온 환자이거나 혹은 보호자였을 '잡지사 기자'가 눈앞에 나타났다. 그는 두 사람의 공방을 지켜보았고 의사에 연구데이터, 임상실험까지 모두 검증한 셈이었다. 그는 자기 특기를 살려 그의 히스토리까지 담아 잡지에 방송까지 알리게 되었으니 그가 세 번째 인연이요 은인이었다. 그러나 승승장구 잘 나가던 판매에 제품의 털이 빠진다는 '클레임'으로 다시 재기에 발목이 잡혔다. 또 다시 주저앉을 수는 없었다. 역추적을 통해 털갈이 철을 피하면 된다는 소중한 결과를 얻어내고 그것을 계기로 계절의 변화가 없는 남미산 알파카를 독점계약을 하는 쾌거를 이룬다. 그가 자리를 뜨면서 떠나간 아내와는 결혼식도 못 올렸다는 마지막 말이 아프게 와닿았다.

남편의 성공을 보지 못한 떠나간 아내, 그의 절절한 고백 뒤라서 그런지 고가의 물건임에도 일행들의 구매율이 높았다. 첫 눈물, 첫 감동의 시발점인 그녀에게 물었다, 그녀는 작은 체구로 힘겹게 살아온 사나이의 이민사가 그림으로 그려져 그냥 눈물이 흘렀단다. 그리고 여행에서 돌아와 카드 명세서를 받고 비명을 질렀을 그날의 여행자들, 행여 고국의 여행자들을 상대로 감동과 눈물을 팔았다고는 믿고 싶지 않다. 누군가의 성공한 이민사, 한 남자의 Life story에 대해 듣고자 했던 것도, 그의 히스토리에 감동한 것도 우리들 자신이었으니까.

줄 줄 줄

사십 년도 훨씬 더 지난 이야기다. 나고 자란 고향 마을 입구에는 포도밭이 있었다. 면 소재지에서 동네로 들어오자면 경작지마다 구획 정리가 잘 된 논이 있었고 신작로에서 동네로 들어오는 커브에 문제의 포도밭이다. 고요한 시골 마을이 발칵 뒤집힐 사건이 벌어진 것이다. 그 사건이 있고, 나는 한동안 그 옆을 지나려면 '걸음아 날 살려라' 뛰었던 기억이다.

동네 사람도 아닌 웬 사나이가 포도밭 원두막 서까래에 목을 맨 채 발견된 것이다. 포도밭과는 전혀 무관한 사내는 왜 남의 원두막에서 생을 마감한 걸까. 앞길이 구만리 같은 청춘을 마감한 결단이 다만 무서운 아이일 뿐이었다. 평화로운 농경사회에 시골 마을은 한동안 술렁였다. 훗날 시간이 조금 흘러 포도밭 사나이를 두고서 그가 앓아오던 성병을 이기지 못해 목숨을 끊었다는 괴소문이 돌았다. 잔잔한 시골 마을에서는 도무지 있을 수 없는 사건이었다. 아마도 그는 비뚤어진 성 윤리 의식을 가진 사람이었던가 보다. 무분별했고 무지했던 성문화가 가져다준 혹독한 형벌로 정신도 육체도 썩어갔던 걸까. 그렇더라도 성병이 가져다준 심신의 피폐화를 견디지 못해 죽음을 선택한 사나이를 비호할 마음은 추호도 없다.

단지 사회 통념상 전무했을 성교육과 정상적이지 않은 귀동냥이나 빨간 책자로 주워들은 얕은 성 지식과 성병에 대해 무지했던 사나이를 동정했을지 모른다. 그는 마지막 순간에 무슨 생각을 했을까. 남겨진 부모에 대한 미안함은 있었을까. 아니면 천형과 같은 병마가 수치스러워 마감하는 생이, 자신이 탐닉했던 쾌락의 순간으로부터 멀어지는 자신이 안타까웠을까. 어쩌면 아무것도 몰랐던 순수했던 시절을 그리워했을지도 모른다. 한 번뿐인 인생을, 생목숨을 끊는 것은 차마 남겨진 이들에게도 씻을 수 없는 형벌이 아니었을까. '죽을 각오로 살았어야 한다.'는 말은 죽음을 택한 그에게는 공허한 메아리였을 것이다. 문득 두어 발 끈, **'줄'** 하나로 생을 마감해야 했던 작위적인 선택에 작은 연민이 인다.

한 드라마에 빠져 20회 전작을 수없이 돌려보던 때가 있었다. 다니던 직장에서 해고나 다름없는 조치에 박차고 나온 뒤였다. 방송대의 졸업 학점이 부족해 두 과목을 재신청하고 난 뒤 남는 게 시간뿐인 시점이었다. 억울함도 당연히 있었다. 열심히 일한 대가가 고작 이런 것이었나, 서운함에 몰입할 무언가를 찾던 참이었다. 그러다 종영된 지 수개월 지난 '미생' 중간쯤을 처음 만났다. 무료함에 습관처럼 돌리던 채널을 멈추고 몰입했다. 나중에 아이에게 미생에 관해 물으니 전년도에 대단한 인기몰이를 했으며 원작이 '웹툰'인 드라마란다. 아이의 말을 듣고 초록창에 물으니 '전 직장인의 리얼 공감 드라마'라는 수식어가 붙어있다.

주부로서의 살림살이와 직장생활, 늦은 학업과 졸업논문이 중압감으로 더해 좋아하는 드라마와는 휴전상태였다. 어미가 반 토막 재방송을 보고 지대한 관심을 보이자 아들이 '미생' 전편을 USB에 담아주었다. 때마침, 재신청한 두 과목은 보충만 하면 될 상황이었기에 부담 없이 미생에 그냥 빠져들었다. 한낱 '고졸 낙하산'이라는 수식어를 가진 주인공 '장그래의 현실'은 갑질과 부당함이 가득하다. 학연, 지연 온갖 잘나가는 끈, '줄'이 없던 그는 노력하지 않으면 안 되었다. 그들만의 리그에서 살아남기 위해 무진 애쓰는 아이, 나를 보는 것 같아 함께 마음이 아파왔다. 몇 바퀴를 돌려보면서 같은 회, 같은 장면에서 눈물을 뽑는 어미가 한심했나 보다.

젊은 직장인들 얘기에 그토록 공감하는 이유에 대해 아들이 묻는다. 오십 중반에도 할 일이 있고 어딘가 유용하게 쓰인다는 기쁨을 더해 누구보다 열심히 일하는 내게 사람들은 말했다. '그런다고 정규직 되는 거 아닙니다.' 라던가, '그런다고 누가 알아주나요.' 드라마 속 장그래가 들었던 말들을 나도 수없이 들어왔다. 그가 겪는 핍박이 고스란히 내 아픔이 되어 눈물이 솟구쳤다. 능력을 보이고 회사에 지대한 공을 세웠음에도 사측은 정규직 채용도, 계약연장도 해 주지 않는다. 작가를 원망할 즈음 상식이 통하고 능력을 인정받는 무리에 섞여 있는 그를 만날 수 있었다. **가방끈**이 길지 않아도 **인맥**이나 **줄**이 없이도 살기 좋은 세상, 우리가 지향하고 나가야 할 이상향이 그곳에 있었다.

그와는 또 다른 맥락의 **'줄'**이 있다. 한국전쟁이 지난 육십 년대 초중반, 당시 P는 우리 동네에 몇 안 되는 서울 유학생이었다. 굳이 시골 마을의 정취를 따진다면 P의 할머니와 나의 선친께서 4종 남매간이니 어중간한 친척이요, 그의 집과는 서너 집 건너 이웃해 있었으니 이웃사촌이다. 늙은 조모와 홀어머니가 살던 그의 집, 작은 대청마루 끝에 앉아 올려다보던 사진틀 속에는 반듯한 교모와 검은 망토 자락의 그가 있었다. 어린 기억에도 날렵한 콧날과 유난히 도드라진 목울대, 반듯하고 수려했던 모습은 지금도 눈에 선하다. 해방 직후, 38선을 그어놓고 자기들만의 정부를 세울 생각에 혈안이던 북쪽은 그 경계선의 작은 마을까지 파고들어 '모두가 잘사는 평등한 세상을 만들 것'이라는 허언으로 젊은이들을 현혹했다.

그 달콤한 회유에 넘어간 그의 부친과 갈래머리였던 고모는 청년동맹, 여성 동맹에서 맹렬하게 활동했던가 보다. 한국전쟁의 막바지 어린 P를 남겨두고 그들 남매는 퇴각하는 북한군을 따라 월

북을 했다. 어린 P는 어이없게도 육친과의 참혹하고도 긴 생이별을 하게 된 것이다. 아버지와의 생이별에도 P는 조모와 홀어머니 품에서 잘 컸던가 보다. 남들보다 명석한 머리로 궁핍한 가세의 핸디캡을 딛고서 서울 유학생이 되었다. 늙으신 조모와 홀어머니가 그에게 걸었던 기대는 어느 만큼이었을까. 그들의 자부심이요 희망이었던 그였지만 웬일인지 시간이 지나도 취직했다는 소식은 들려오지 않았다. 그보다 결혼 소식이 먼저였다.

그의 아내는 시골 동네에서 좀체 보기 드문 하이칼라 며느리였다. 신식교육을 받았으며 도시 남자들처럼 회사에 다니느라 일 년에 한두 번 손님처럼 시집을 다녀갔다. 작은 동네에 몇 안 되는 서울 유학생이었던 그는 왜 취직을 못 하고 고학력 실업자가 되었던 걸까. 동네 사람들의 수런거림은 부친의 월북으로 그어졌다는 호적에 **'붉은 줄'** 때문이라고 했다. 전후 피폐화된 온 나라는 전후 복구와 재건에 힘쓰면서 반공과 불온사상의 근절을 최대 쟁점화했으리라. 그 연좌제로 말미암은 붉은 줄은 P에게 평범한 삶을 살게 버려두지 않았다. 그리고 끝내는 그들 가족 모두를 흩어놓고야 말았다. 그에게 형벌 같았던 '붉은 줄'은 아내와 어린 남매에게 아무것도 해 줄 수 없는 무능력한 남편이 되고 만다.

간간이 듣는 소식 중에 가장 놀라웠던 것은 남편과 아이들을 위해 헌신하던 아내가 그를 남겨두고 어린 남매만을 데리고 미국 이민을 떠난 사실이었다. 그녀의 이민 선택에는 이 땅에 사는 한 아이들 장래가 불투명하다는 불안감이 가장 큰 이유이리라. 처자식과 같이 미국행에 동행하지 못하고 남겨진 그에게 역시나 호적에 그어 있다는 붉은 줄 때문이라고 사람들은 안타까워했다. 어린 그가 부친에게서 이념보다 뒷전으로 내동댕이쳐졌듯이 아내와 아이들에게도 버림을 받은 것이다. 남겨진 그는 고향으로 돌아오지 않았다. 오랜만에 객지에서 만난 고향 지인을 상대로 사기를 쳤다고도 들려왔고, 아이들이 가끔 미국에서 부쳐주는 용돈으로 버틴다고도 들려왔다. 고부(姑婦)의 희망이요 자존심이었던 P, 조모도 모친도 차례로 떠난 허망한 그의 귀향은 차라리 평화요, 안식이었을 것이다.

우리 민족과 온 국민의 아픈 역사, 38도선을 경계로 시작되었던 이념 갈등은 평범했던 가정에 쓰라린 이별을 대물림했다. 누가 그의 행복을 짓밟고 그에게서 젊은 아내와 남매를 빼앗아갔을까. 그렇게 가족을 버리고 떠났던 부친은 자신의 사상과 이념이 끝까지 옳았다고 믿었을까. 그 알량한 사상이 일 점 혈육에게서 청춘도 인생도 모두 앗아간 원흉이었음을 미리 알 수만 있었더라면, 피를 토할 듯 비통함에 몸서리치는 절규가 들리는 듯하다. P의 인생 올가미였던 연좌제 '**붉은 줄**'은 언제인가 사라졌다. 모든 게 끝난 뒤였다.

- 2017. 가을 즈음

빛바랜 삽화

눈 입가 할 것 없이 자글자글하다. 깊게 패인 주름과 검버섯, 우리들 어머니 할머니 모습의 장터 할머니였다. 두꺼워 보이는 점퍼와 목도리 마스크까지, 발갛게 상기된 할머니의 두 볼은 한겨울 풍경이 분명하다. 이 추운 겨울에 할머니는 무엇을 팔러 나와 앉았을까. 장날마다 만나는 이웃의 안부가 궁금해서 나왔을까, 무뎌진 생기를 찾으러 나왔을까. 어쩌면 평생의 습관대로 몸이 하자는 대로 추위도 아랑곳없이 나와 앉아 해바라기를 하는 것인지도.

얼마 전 흔치 않은 인연에게서 두 손에 받아 든 정영신 작가의 『전국 5일장 순례기』의 표제와 표지 사진만으로도 울컥 오랜 추억을 떠올리게 한다. **'1970~80년대 경제성장기를 거치면서 우리는 많은 것을 잃어왔다. 남들은 100년 200년 걸려 이뤄온 근대화 경제성장을 우리는 불과 2~30년 동안 해치우면서 우리의**

전통은 불도저로 밀 듯이 흔적도 없이 사라져버렸다.' 발행인이 권두 메시지에서 던진 말이다. 능률과 성과만이 인간사의 가치 기준이 되고 약자를 배려하고 슬픔과 고통을 함께하던 미풍양속은 이제 찾아보기 힘들고 남겨두어야 할 전통들을 사정없이 솎아버렸다고도 역설했다. 미풍양속, 전통, 사정없이 솎아버렸다는 대목에서 흠칫 무언가 들킨 사람처럼 화끈거린다. 나 역시나 이 지역의 제일의 유통구조였으며 인근 근동 주민들의 소통의 장이었던 5일장보다, 두고, 무시로 드나드는 대형마트를 좋아하지는 않았는지 돌아보게 한다.

단골이라는 이름으로 오랫동안 드나들던 '00상회'라는 이름의 작은 가게들을 나는 어느 순간 잊고 살아왔다. 하나둘 간판이 떼어지는 아쉬움을 너무 쉽게 잊은 건 아니었을까, 순간 나 자신이 너무 얄팍해 보인다. 단돈 만 원, 이만 원 들고서 장을 보러 다니던 때가 분명 있었다. 감자 대여섯 개 담긴 바구니, 양파 서너 개 담긴 바구니도 천 원, 이천 원 서민 생선 고등어, 꽁치, 임연수어 두세 마리 무더기를 놓고도 이천 원, 삼천 원이면 되던 시절 이야기다. 간혹 아이들 손을 잡고 시장을 돌 때면 아이는 장난감 난전 앞에서서 떼를 쓰기도 했다. '안 돼요' 한마디면 더 조르지 못하는 큰아이와 달리 막내라는 무기로 두 다리를 땅에 붙인 듯 버티고 서 있던 작은아이는, 상인 앞에서 생떼를 쓰면 속수무책 제 뜻을 받아들일 거라고 계산했을 것이다. 늦은 결혼과 출산으로 나이만 먹은 서툰 어미였다. 아이에 예상대로 나는 아이에게 미니카를 쥐어주고 그 자리를 황급히 벗어나던 일이 비일비재했으니 말이다.

어느 날인가, 따듯하게 각인 된 예쁜 장면 하나가 생각난다. 장난감 난전 옆자리는 언제나 늙수그레한 영감님이 '신기료 난전'을 펼치는 곳이다. 영감님은 주로 구두수선을 하거나 본드가 떨어진 여자들의 슬리퍼를 예쁘게 꿰매주는 일을 하시는 할아버지 옆, 장난감 난전에서 작은아이 생떼에 맞서던 날, 젊은 새댁이 어린 딸아이의 꽃무늬가 예쁜 우산이 고장 났다며 '우산살 고쳐주세요.' 내밀던 모습이 이십 년도 더 지난 일이 빛바랜 삽화처럼 각인 돼 있다. 물론 지금처럼 우산이 흔하지 않아서이겠지만, 이미 1990년대로 접어든 때라 공산품이 아주 귀하던 시절도 아니다. 그러나 검소와 검약이 몸에 배인 보통 가정은 웬만한 가전제품은 고쳐 쓰기도 했다. 나보다 젊은 새댁의 깜찍한 행동이 너무 예뻐 박수를 쳐 주고 싶었다. 새것에 맛들인 젊은 친구들은 기성세대 검약을 궁상스럽게 바라보리라. 그럼에도 어린 딸아이가 좋아하는 우산이었대도 아이 엄마는 주위 시선을 조금은 의식하지 않았을까, 신선하고 기분 좋은 충격이다.

어떤 집처럼 우리도 신발장 귀퉁이에 우산꽂이가 있다. 대개 돈을 주고 사기도 하지만 개업, 혹은 칠순이나 팔순 잔치 답례로 타올과 함께 가장 흔한 것이 우산이다. 우리 집만 해도 장우산이 너덧 개, 또 접이식 우산이 그 숫자만큼이다. 기기다 남편의 고향 친구가 홀인원 기념이라고 선물한 장우산과 접이식 세트까지 더해졌다. 하지만 그게 다일까, 준비 없이 외출했다 비를 만나 사는 비닐우산까지 더해져 그야말로 우산 천국이다. 장날이 되어 어쩌다 시장 통로를 지날 때면 그날의 흑백 삽화가 떠오른다. 신기료 난전 할아버지를 다시 볼 수 없는 세월의 거리, 우리는 이미 먼 길을 왔다. 더 훨씬 이전, 1960~70년대의 5일장 장마당에는 형형색색 원단을 걸어 놓아 눈길을 사로잡는다. 그 포목전에서 빨강, 하양의 잔 체크무늬 원단을 떠다 공임을 주고 원피스를 만들어 주기도 하고, 빨고, 삶아, 풀을 먹여 다듬이를 해야 했던 어머니의 광목 이불 홑청은 점차 꽃무늬가 화려한 포플린 홑청으로 교체되어 일손을 덜어주게 되었다.

동지섣달 긴긴밤 우리 몸을 감싸주었던 포근한 목화이불도 신문물이라고 여겼던 캐시미어에 내어주었다. 서구 침대 문화가 빠르게 유입되어 풀 먹인 홑청의 추억을 앗아간 '서걱거리는' 느낌은 대중가요 노랫말에나 남아있다. 유일무이한 유통구조가 분명했던 우리의 5일장 풍경, 주변은 빠른 산업화의 인구 증가로 농지를 잠식해가고 점점 도시화가 되었다. 작은 면 소재지는 '읍' 승격을 하면서 이스트로 부풀린 듯 더더욱 팽창해갔다. 거기에 맞춰 크고 작은 슈퍼들이 생겨나더니, 급기야 기업형의 유통센터들도 들어서기 시작했다. 싱싱하고 선도가 좋은 물건들을 사려고 장날을 기다리던 사람들은 마트로 향했고, 점점 더 소비문화가 극에 달해 더 큰 쇼핑몰을 찾아 시장바구니 대신 자동차를 몰고 인근 도시로 향한다. 그렇게 우리는 단골 상인과 벌이던 흥정 소리도

에누리도 덤도 모두 잃어버렸다.

물건마다 가격표를 붙인 정찰제와 기계적으로 바코드만 찍어대는 훈련된 계산원이 있지만, 우리 지역의 솔모루 5일장 명맥은 그대로 이어온다. 예나 지금이나 사람들의 유동이 많은 목 좋은 곳은 젊은 상인들 차지다. 다양해지고 전문화된 품목도 있지만, 손수 농사지은 몇몇 작물과 곡물, 직접 채취한 나물로 좌판을 펼친 5일장 할머니들은 시장 변두리 골목 차지다. 당신 손주들에게 용돈을 쥐어주고 싶어, 혹은 당신의 늘그막 용채가 궁해 나오셨을까. 어쩌면 장터 어머니들은 바람과 햇살과 왁자한 소음이 그리워 장터 마당에 나와 해바라기 하는지도 모른다. 그 풍경 사이로 어느새 낯선 이방인의 얼굴이 늘어간다. 내국인들이 뜸해진 5일장에 산업체 외국 근로자들이 늘어간다. 전혀 낯설지 않은 풍경에 다문화가 생각보다 깊이 자리했다는 반증이 아닐까.

전국 5일장을 찾아다니며 삶의 순간을 앵글에 담고 투박한 지방어로 인터뷰를 한 작가는 **'장터는 지역경제의 모세혈관이다'** 라고까지 기술했다. 한때 영화를 뒤로하고 겨우 명맥뿐인 난전을 지키는 상인들의 표정을 만나고 사라져 가는 인정을 아쉬워하는 작가의 말처럼 지역과 지역이 이어지고 정보와 정보를 교환하는 열린 마당이다. 소통으로 인간관계를 이어주고 우리네 가치관과 풍속을 이어오는 시골 장터를 찾아 새봄 나들이를 가봐야겠다.

3부

어머니의 봄

이솝우화 햇살에 나그네가 외투를 벗는다. 하얀 겨울 햇살과 달리 봄은 온통 황금빛 햇살이다. 복숭앗빛 새색시 두 볼처럼 생기를 머금은 눈부신 햇살에 해바라기라도 할양이면 현기증이 인다. 개울가 버들가지에 물이 오르고 온 산야에 짙은 녹음이 부풀어 오르면 **'지난겨울도 잘 이겨 내셨구나'** 안도와 함께 울컥 슬픈 웃음을 삼킨다. 봄은 언제나 내게 늘 목이 메도록 특별한 계절이었다.

유독 쇠잔했던 어머니는 힘겹게 겨울을 견뎌내셨다. 농가의 일이 매양 그렇듯 봄여름 가으내 끝없는 농사일과 집안일로 기력을 소진한 어머니는 긴 몸살로 곤곤한 싸움을 해야 했다. 연례행사처럼 겨울을 앓고 나시는 어머니로 인해 외줄 타기처럼 늘 아슬아슬했기에 그때 겨울은 더 춥고 길게만 느껴졌으리라. 정신적 지주처럼 의지했던 집안 아주머니는 애먼글먼 하는 나에게 **'얘**

걱정하지 마라. 엄마는 땅 냄새 맡으면 또 일어나신다.'는 말로 언제나 나를 달래주셨다. 병약하지만 어찌어찌 강단으로 엄동을 보낸 어머니는 긴 겨울의 터널에서 조금씩 푸른 초원을 향해 걸어 나왔다. 내가 눈부신 봄을 기다리는 이유다. 새순이 돋아나고 초록으로 대지가 물들면 한결 기운을 차린 어머니는 봄맞이 준비를 한다.

가난한 선비요 농부이신 나의 선친을 따라 평생 농부의 아내로 살아온 어머니는 씨감자 쪼개는 것을 시작으로 밭작물의 씨앗을 준비한다. 완두콩, 강낭콩, 옥수수, 수수, 흰콩, 서리태, 적두, 녹두 등의 알곡과 고추, 상추, 열무, 얼갈이, 파, 아욱 같은 야채들을 자급자족해야 했으니 얼굴이 검게 그을리도록 어머니는 밭일에 매달렸다. 텃밭이 없던 우리 집은 오리에 가까운 벌판을 가로질러 어머니는 그 길을 수도 없이 오갔으리라. 씨앗을 뿌리고 가꾸며 가족의 먹을거리를 조달해야 했던 어머니는 모두가 잠든 밤이면 앓는 소리가 새어 나왔다. 부끄러운 나의 졸저 『비타민이 열리는 나무』에 삽입된 「비타민제제와 아주 오랜 추억」에서 나는 밤마다 끙끙 앓던 어머니 요통에 담긴 슬픈 추억을 고백한 바 있다. 백오십도 못 미칠 작고 가녀린 몸에 영양 상태인들 좋았을까만 어머니의 걸음은 언제나 나는 듯 가벼웠다.

어머니는 대체 어디서 그런 기운이 솟는 걸까, 산에만 오르면 날아다니셨다. 봄이면 작은 둔덕을 오르내리며 바구니 가득 산나물을 채워 돌아오시고, 그 나물을 곡식 까부르는 키를 이용해 야무지게 티끌을 가려냈다. 정신없이 바구니를 채우다 보면 검불이나 티끌은 덤이다. 어머니는 알곡을 가리는 도구를 이용해 나물을 까불러 티끌을 골라내는 작업을 어떻게 생각해 냈을까. 어머니의 지혜가 놀랍기만 했다. 빠질 수 없는 봄 행사가 또 있었다. 아버지를 위한 두견주 담는 일이다. 전통 방식에 따라 거창하게 담는 두견주인지는 모르겠지만 깨끗하게 따 모은 진달래꽃에 소주를 붓고 적당한 시간을 기다리면 소박한 진달래 '담금 주'가 되었다. 고운 진달래 분홍빛이 은은하게 우러난 진달래술을 아버지는 반주로 딱 두 잔씩 드셨다. 무심한 듯 데면데면한 어머니가 아버지께 보이는 유일한 사랑 표현 방식이었다.

어머니에게 연례행사가 하나 더 있었다. 색과 향이 독특한 송홧가루 채취인데, 이른 봄 하루가 다르게 부풀어 오르는 송화는 시기를 놓치지 않아야 했다. 곱게 따 모은 송화는 일차적으로 바람 고요한 뒤뜰에 펴 말린다. 행여 고운 가루를 바람에 빼앗길세라 애지중지했다. 그 송화는 섣달그믐 즈음에 긴긴밤 어머니와 마주 앉아 흑임자다식, 콩다식, 쌀다식 등 색 고운 송화다식을 만들었다. 엿물로 반죽을 하는 옛날식 과줄을 만들면서 새해를 맞이하던 옛 추억이 아슴아슴하다. 어여쁜 빛깔의 송화를 채집해서 가루를 얻는 과정도 신기했다. 어릴 적 기억을 아무리 더듬어도 송화다식의 맛을 기억해 내지 못한다. 어쩌면 나는 송화다식의 맛보다 송홧가루 빛깔에만 마음을 빼앗겼던 것은 아니었는지, 이미 멀어진 옛 추억에 젖어 현실에 충실하지 못한 자신을 돌아보기도 한다.

어느 해 봄 불현듯 산나물이 담긴 검정 비닐봉지를 들고 어머니가 단걸음에 다녀가셨다. 어머니는 **“얘 이건 꼭 짜서 양념해서 무쳐 먹고 이건 둘이 쌈 싸 먹어봐라. 얼마나 맛있나”** 팔순의 어머니가 소싯적 하던 대로 산나물을 하고 보니 지척에 막내딸이 생각나셨던 걸까. 어쩌면 어머니는 예전처럼 산나물을 하고 키에다 산나물을 까불러 티끌을 가려냈을 것이다. 다시 가마솥에 삶아 나물을 성미대로 고르고 묵나물거리는 널어 말리고, 바로 무쳐 먹을 것과 쌈 나물을 골라내어 쌈 싸 먹어보라고 가져오신 참이다. 데친 산나물로 쌈 먹는다는 건 흔한 일은 아니다. 그러나 무조건 어머니를 신봉하는 딸이니 주저할 리가 없다. 남편과 둘이 마주 앉아 먹는 데친 산나물 쌈, 달크무레한 그 맛에 반해 아직 엄마가 건강하시니 맛있는 쌈도 먹는 거라며 너스레를 떨다가 **“우리 내년에도 이렇게 맛있는 거 또 얻어먹을 수 있을까?”** ‘입이 방정’이라는데 그만 아차 싶었다.

그 일을 까맣게 잊고 있던 이듬해 봄 어머니가 사고를 당해 시내 병원에 계신다는 전갈을 받고 가슴이 사정없이 뛰었다. 모처럼 시내를 나오셨다가 주차에 서툰 차량이 뒤로 다가오자 놀라서 주저앉았다는 것이다. 요행 X레이며 이런저런 검사상 큰 이상은 없었지만, 보도블록에 주저앉을 때 받은 충격으로 며칠 입원 치료가 불가피하다는 것이다. 큰 사고가 아니어서 다행이라고 했지만 일 년 전 내가 무심하게 뱉은 말이 생각나 더 아찔했던 기억이다. 아무리 강건하게 잘 버텨주는 어머니지만 누가 팔십 노인의 건강을 자신할 수 있단 말인가. 그나마 큰 사고가 아니었기에 천만다행으로 가슴을 쓸어내릴 수 있었다. 그러고도 어머니는 십여 년을 잘 버텨주시다 구순이 되시던 해, 흙냄새가 향기로울 즈음 아버지를 따라 먼 여행을 떠나셨다. 해토가 되고 대지가 깨어나던 이른 봄이었다.

어머니를 여의고 산 지 십여 년이다. 가시기 전 노인성 질환으로 고생하신 어머니가 눈에 선하다. 누가 누구인지 인지능력을 상실해도 육친의 감만으로 딸년을 알아보고 반겨주던 어머니, 한여름 매캐한 모깃불에 '휘적휘적' 모기를 쫓아주던 조금은 젊은 어머니가 때때로 그립다. 초가을 낭랑하게 들리던 어머니의 다듬이 소리가 너무 그리워 추억을 더듬지만 나른한 봄날 아지랑이 속같이 애틋함만 더하다. 동면에서 깨어난 슬프도록 황홀한 어머니의 봄이 서반치 나가온다.

움

봄은 언제나 경이로운 계절이다. 삭풍을 견뎌내고 대지가 깨어나면 농부의 손길도 바빠진다. 잔설을 뚫고 움트는 새순들, 따듯한 훈풍에 죽어가는 것에서도 돋는다. '움'은 그래서 진정한 자연의 조화요 신비함의 극치다. 봄을 지나 적당한 비와 바람과 햇살이 가져다주는 결과물 시간을 기다려 만나는 소중한 결실이 아니고 무엇이랴.

나 어릴 적 겨울은 더 춥고 또 길었다. 소한 대한이 지나도록 한파는 누그러지지 않는다. 건축 난방자재도 입성도 지금만 못하던 시절이니 추위는 더 혹독하고도 길게 느껴졌으리라. 그 겨울의 끝 우리 집 안방 윗목에서는 찌그러진 대야나 두툼한 비료 포대 안에서 움파가 올라오기 시작한다. 환하게 불을 켠 듯, 등잔의 심지를 돋은 듯, 비집고 올라온 조선파는 겨울이 끝나간다고 말해주는 것 같았다. 봄 향기를 머금은 연초록의 움파는 도마 위에서

송송 썰려 들기름에 깨소금을 곁들인 양념간장이 되어 겨우내 잃어버린 아버지 입맛을 찾게 해 주었다. 특히 새해맞이 준비를 하면서 만두소와 소적으로 쓰일 두부를 만들 때면 1차 응고된 초두부를 양념간장과 함께 먹는 건 아주 괜찮은 즐거움이다. 그 보들보들한 순두부에 파 향이 더해진 양념간장을 얹어 먹으면 일품이었다.

두부를 만드는 일은 물론 긴 시간을 필요로 하는 복잡한 과정이 뒤따른다. 방앗간을 간다거나 집집마다 믹서를 갖추기 전이니 불린 메주콩을 맷돌에 가는 것부터 난관이다. 맷돌에 간 콩물을 큰 주머니에 넣어 콩물을 거르고 고운체에 받친다. 몸무게 사십 킬로 남짓 왜소한 몸으로 어머니는 아무리 힘들어도 그 행사를 멈추지 않았다. 무엇보다 아버지가 따끈따끈하고 부드러운 순두부를 좋아하셨던 때문이리라. 힘겹게 거른 콩물은 다시 가마솥에 넣고 끓이다 간수를 들이는데, 몽글몽글 엉길 때 순두부를 떠 양념장을 곁들이고 막걸리나 소주를 더하면 선친께서는 매우 좋아하셨다. 커다란 보에 응고된 두부를 붓고 각을 지어 무거운 것으로 눌러놓아 두부가 되면 모를 지어 정월 보름 즈음까지 먹는다. 소박하고 소소해도 행복이라 여기던 시절이었다.

현실 속에서도 아름다운 '움'을 만났다. 베란다에 유독 눈길이 가고 애정이 가는 화분인데 몇 개월째 나무 윗가지가 뭉뚝 잘려나간 흉한 몰골로 버티고 선 녀석이다. 화분 키우기에 데면데면한 주인을 만나 안 해도 될 고생을 하는 벤저민, 한없는 미안함에 속앓이하던 참이다. 그러던 어느 날에 무심히 베란다를 응시하다가 나도 몰래 탄성이 터졌다. 환희였으며 안도였고 감동이었다. 분명 뭉뚝 잘린 원기둥에 보기 좋게 움이 쏟아져 나오고 있었다. 부끄러운 나의 소치요, 무지를 내려놓을 그것은 기적이었다. 크고 작은 화분들 저마다의 성미를 모르니 물만 주면 자라리라는 안일한 생각으로 식물을 대했다. 안타까운 방임으로 아깝게 고사시키거나, 과한 정성에 간혹 밑동이 물러 생을 다하기도 했다. 고사 위기에 버려진 화분을 주워 다시 회생시킨다는 분들이 너무 존경스럽다. 데면데면하고 듬성듬성한 나의 성격이 부끄러울 뿐이다.

화분 관리를 제대로 못 하는 게으른 사람에게 화분 선물은 가당찮다. 잘 키우지 못할 염려를 차치하고 주는 이의 마음까지 저버릴 수 없으니 미안한 마음으로 받는다. 오랜 세월 이웃이었던 지인의 집들이 선물이었던 벤저민은 제법 수령이 있어 초록 나뭇잎을 우산처럼 펼친 멋진 놈이었다. 초가을에 내게 온 초록우산 같은 녀석을 겨우내 보게 되리라고 내심 기대했고 한 치의 의심도 없었다. 그러던 녀석이 겨울에 접어들면서 왜인지 점점 생기를 잃어갔다. 단풍이 지듯 한잎 두잎 낙엽을 떨어뜨리니 애가 마른다. 물이 모자란 걸까 싶어 듬뿍 물을 주어 봐도 생기를 되찾지는 못했다. 게다가 가지를 구부리면 죽은 삭정이처럼 힘없이 부러지고 급기야 한겨울 지나면서는 원기둥까지 메말라간다. 더 이상 벤저민 상태를 간과할 수 없어 작은 톱을 이용해 윗동을 잘라내는 응급처치를 강행했다.

무심했던 나 자신을 책망하는 것도 사치였기에 간절하게 기도만 할 뿐이었다. 문득 뒤늦게 스마트폰으로 벤저민 습성을 알아보니 아뿔싸, 녀석은 25도 내외에서 자란다는 열대 식물군이었다. 습성도 제대로 모르고 썰렁한 베란다에서 겨울을 나게 했구나, 뭉뚝한 녀석을 보는 일이 부끄럽고 미안하다. 새로 이사를 나오면서 이전 집의 환경만 같으리라고 여긴 탓이었으니 내 불찰이었다. 맥없이 스러지는 녀석을 살려보겠다고 응급처치를 했으나 뭉뚝하게 잘려나간 모습을 대하기 차마 못 할 노릇이다. 그러던 녀석에게서 힘차게 쏟아져 나오는 움을 보니 실없이 웃음이 새어나왔다. 처음 연둣빛 새순을 마주한 이래 아침만 되면 습관처럼 녀석을 관찰하고 아주 조금씩 자라는 걸 확인할 수 있었다. 그대로 잘 자라면 처음 만났을 때처럼 무성해질 수 있으리라 믿음과 기원을 담아본다.

내가 사랑하는 또 다른 '움'이 있다. 내가 나고 자란 마을에 1960~70년대 50여 호 작은 마을에는 죽은 가지에 새순이 돋듯 새롭게 둥지를 튼 여인들이 많았다. 戰後 남편을 잃은 아픈 상처를 딛고 젊은 여인들이 새 삶을 찾아 스며들었다. 그녀들은 피난생활과 질병으로 아내를 잃은 홀아비에게 재가를 해왔다. 저마다 비슷비슷한 사연 하나씩 안고 살아가는 그녀들이 '움'이었다. 시대 상황이 그러해도 유교적 성향이 팽배했으니 시선은 따가웠다.

연지곤지 가마 타고 시집온 조강지처들의 따가운 눈총과 팔자가 드세 일부종사를 못 한다는 선입견까지 더해 그녀들의 고통은 배가되었으리라. 산업화 이전의 공장도 없을 때이니 아이 딸린 과수댁들이 홀몸으로 살아가기가 얼마나 모질고 힘들었을까. 부잣집 남의집살이가 있었다고는 해도 그마저도 친척들의 알음알음으로 상급학교를 포기한 십 대 소녀들에게 자리를 내어주었으니 어쩌면 재가는 생을 이어갈 유일한 자구책이었을 것이다.

삶을 이어갈 마지막 희망으로 재가를 선택한 여인들이, 이미 형성된 테두리 안에 비집고 들어가기란 쉬운 노릇은 아니었을 테지. 사회 통념도 그러했으니 어린 나도 느낄 수 있었던 미묘한 기류에 드는 객쩍은 생각이다. 그런 그녀들에게는 또 하나의 수식어가 있었으니 움 친정이요, 움딸이었다. 젊은 나이에 사랑하는 남편과 어린 자식을 두고 떠난 그 여인도 누군가의 딸이다. 청춘에 떠난 누구네 딸, 그 전실의 부모님께는 음전한 딸 노릇도 했다. 전쟁과 질병으로 생겨난 새 가족 형태였다. 시대가 만들어낸 새로운 가족구조는 서로의 아픔을 이겨내는 돌파구가 되었으리라. 그러나 그녀들은 남보다 더 성실히 살아가야 했다. 어미 잃은 전처 자식을 홀대하지는 않을까, 따가운 감시의 눈길을 의식해야 했다. 늘 살얼음을 딛고 산 세월 새어머니라는 굴레였다.

* 모진 세월을 살아낸 내 어머니, 청소년기 쓸데없는 결벽증으로 한때 당신을 미워했던 못난 딸이 뒤늦게 당신께 고백합니다.

한 많은 세월 당신이 흘린 눈물을 위로합니다. 움딸이었으며 '새어머니'였던 어머니 당신의 헌신을 사랑합니다. 전실 딸에게서 동생들 많이 낳아 든든한 친정 만들어 줘서 고맙다는 인사를 듣는 자랑스러운 당신을 사랑합니다. 긴 겨울 삭풍을 이겨내고 눈을 뚫고 움을 밀어낸 움파보다, 뭉뚝 잘려 나간 줄기에서 새순을 틔운 벤저민보다 인고의 세월을 살아낸 아름다운 당신의 삶을 응원합니다. 큰어머니의 움, 내 어머니 당신을 사랑합니다.

꿈 · 1

복권방 근처를 지나다 보면 1등 당첨자 나온 집이라거나 1등*번, 2등*번 나온 집이라는 현수막을 본다. 간혹 1등 당첨자가 몇 주 나오지 않은 상황에서는 방송에서도 이례적 관심을 보이며 사행심을 조장한다. 생전 로또에 무관심한 사람도 그 어마어마한 숫자 앞에서 초연해지기란 정말 쉽지 않다. 황금만능주의가 만들어낸 세태이리라.

사행심도 없고 요행도 별로 믿지 않는 나는 로또를 사본 적이 거의 없다. 아마도 친구의 뒤를 따라 들어가 한두 번 사봤거나 친정오라비가 나들이 중에 혹시 모르니 '행운을 비노라' 사준 것이 다였을 것이다. 내 몫의 로또를 쥔 날이면 추첨이 있는 토요일을 기다리게 되니 황홀한 행복이요 적은 돈으로 맛보는 설렘이 아닌가. 생판 바라지 않던 행운이 따라줄 리가 없다. 꿈속에서 신비한 경험을 했다거나, 위인을 봤다거나 혹은 진귀한 물건을 받았다거나 하는 선몽을 꾼 것도 아니니 섣부른 행운은 언감생심이다. 로또, 복권사의 모토대로 **'1인은 만인을 위해, 만인은 1인을 위해'**라는 표어처럼 성실하게 살아온 누군가에게 행운이 낙점되었기를 바랄 뿐이다.

우리의 삶 중, 삼분의 일이 수면 상태라는데 허구한 날 꾸는 꿈으로 어떤 흐름이나 상태를 미리 예견한다면 나는 반가움보다 두려움이 앞설 것 같다. 매일 좋은 길몽만 꿀 리 없으니 악몽을 꿀까 봐 잠이 들기도 무서울 거라는 가정이 뒤따른다. 평소 예지 능력과는 전혀 무관하고 지극히 평범한 내가 어머니가 돌아가시던 날에 꾸었던 꿈은 십 년이 훌쩍 지난 지금도 선연히 떠오른다. 당시 병석에 계신 구순의 어머니를 매주 뵈러 가다가 한 주를 거른 것이 못내 마음에 걸려 불안하던 터였다. 어서 주말이 되어 어머니를 뵈어야만 죄의식에서 벗어날 것 같았다. 그러나 운명은 장난처럼 짓궂다. 어쩐 일인지 시간은 더디게 더디게만 흐르고 '혹시' 하는 나쁜 예감은 맞았다.

초조하게 기다리던 주말이 다 되어가던 금요일 새벽녘, 잠에서 깨어나고도 뭔가 석연치 않았다. 별다른 예지몽을 경험하지 못했었지만 마치 현실처럼 선연했기에 가슴이 사정없이 방망이질을 해 댔다. 현실 같은 꿈속, 많은 친구들이 집들이라고 우리 집을 찾아왔다. 집 지은 지 이태도 안 되었으니 집들이 꿈은 꿀 법도 하다. 그러나 우리 집에 지하가 없음에도 나는 지하에서 친구들을 맞고 있었다. 지역에 사는 친구들뿐 아니라 지방에 사는 친구의 얼굴도 보였다. 그런 중에 또 밖이 소란하다. 나가보니 친구 하나가 들어오지 않겠다고 다른 친구 하나와 실랑이를 벌이는 중이었다. 찜찜하고 기이한 가운데 잠에서 깨어 날이 밝도록 뒤척이다 서늘한 가슴을 안고 출근을 했다.

그렇게 두 시간쯤 흐르고 평소 근무 중에 보지 않던 핸드폰을 열어 보니 부재중이 뜬 여러 통의 낯익은 전화번호다. 덜컥 숨이 멎는 것 같았다. 놀란 가슴을 누르고 남편에게 전화를 거는 손이 떨려왔다. 정말 거짓말처럼 남편은 내 어머니의 부음을 전하며 이미 나를 데리러 회사 앞에 와 있다는 것이다. 미명에 꾸었던 석연치 않았던 꿈, 아 이 순간이 차라리 꿈이었다면, 안 좋은 예감은 맞고 말았다. 어쩌자고 어머니는 나에게 이 같은 시련을 주시는 걸까. 하필 매주 다니러 가다가 거른 죄의식으로 일주일 내내 뒤숭숭했던 못난 딸을 기어이 죄인으로 만들었다. 이 믿기지 않은 상황과 대상 없는 원망에 쏟아지는 눈물, 지척에 살면서도 어머니와의 마지막 인사도 임종도 지켜드리지 못한 자책은 평생 나를 괴롭힐 것이다.

노인성 질환으로 그동안 고통을 받던 어머니가 맞이한 평화보다 갑작스레 찾아온 이별과 마지막 길을 배웅 못 한 설움으로 새봄 아지랑이처럼 눈앞에 안개가 흐른다. 외롭게 가신 가여운 어머니를 보러 정신없이 달려간 친정집, 어머니가 기거하시던 안방으로 단걸음에 뛰어들어가니 흰 홑청이 머리끝까지 덮인 어머니가 있었다. 나는 차마 홑청을 들춰 어머니의 얼굴을 볼 용기도 염치도 없어 가슴을 더듬어 어머니의 손을 잡았다. 채 식지 않고 온기가 남은 어머니의 손을 잡자 흡사 어머니가 마주 잡아 주는 감흥에 더욱 오열하게 했다. 내가 힘을 주니 어머니도 손에 힘을 가하는 묘한 기분, 물론 어머니가 내 손을 잡아 주었다는 것은 분명 허상이었을 것이다. 그럼에서 나는 어머니가 마지막으로 딸의 손을 마주 잡아주었다고 여기며 이제껏 살아왔다.

공교롭게도 꿈속에서의 지하는 장례식장이었고, 꿈속에서 실랑이를 벌이던 친구는 해외에서 막 돌아와 공항에서 바로 문상을 왔다는 바로 그 친구다. 어머니와 영영 이별을 한 지 십여 년 세월, 어머니를 뵈러 가지 못한 마지막 일주일의 고통은 지금도 가끔 나를 옥죄이지만, 어머니와의 이별 의식은 애틋하게 남아있다. 지금도 생생하게 기억되는 어머니에 마지막 손끝에 힘은, 지나고 생각해보니 시간의 흐름으로 이미 조금씩 강직되어가던 자연현상이있을 것이다. 오열하는 막내딸을 위해 온몸이 굳어가는 것을 더디게, 더디게 어머니는 안간힘을 쓰셨던 것이라고 믿고 싶다. 그리고 언제나처럼 나를 반겨 내 손을 잡아주었다는 믿음을 평생 간직할 것이다.

선몽이나, 예지몽은 과학적으로 증명된 바 없다. 간혹 꿈이 잘 맞는다는 사람도 있지만 나는 그런 꿈을 다시는 경험하고 싶지 않다. 그래도 불현듯 부모님이 그리운 날이면, 꿈에서라도 보고 싶은 마음이고 보니 이 웃지 못할 아이러니를 어쩌면 좋을까. 나이를 먹어도 내게 좋은 날 기쁜 날이 오면 떠오르는 얼굴, 어머니는 언제나 내게 영원한 그리움이다.

꿈 · 2

아주 오래전 일이다. 당시 나는 아이 하나를 둔 새댁이었고, 하나밖에 없는 남동생은 삼 년 가까운 군 생활을 마치고 막 제대를 했을 때다. 그 무렵 친정 근처에서 신접살림을 하던 나는 작은 보금자리를 위한 기초공사를 시작했다. 1987년 이른 봄, 그 봄은 내게 희망도 주고 설움도 아픔도 참 많은 계절이었다.

늘 잔병을 달고 사시던 어머니가 어느 날 대학병원에 입원하셨다. 발을 동동 구르고 억장이 막혔지만, 날이 밝기를 기다렸다. 근처에서 제일 크다는 가톨릭의대 의정부성모병원은 우리와는 먼 바라보기만 했던 곳이다. 드나들지 않을 만큼 건강한 것도 맞겠지만 지금처럼 큰 질병이나 나쁜 병이 드물었던 시절이기도 했다. 어머니 입원 소식에 혼비백산 놀란 형제자매들이 병원으로 달려왔지만, 검사 결과를 보기 전이니 속만 태울 뿐이다. 당시 칠십이 멀지 않으신 어머니는 약한 체구와는 달리 큰 대학병원은 고사하고 작은 병원 출입도 없었다. 요즘이야 칠십 정도나 되어야 시니어라 하지만 평소 강건하지 못하신 어머니로 인해 나는 막연한 불안감으로 동동거릴 수밖에 없었다.

담당의로부터 병명을 듣기도 전에 초조함은 극에 달했다. MRI, CT도 없던 시절, 엑스레이를 찍고 판독전광판에 끼워 보여주던 어머니의 흉부 엑스레이는, 앙상한 어머니의 양쪽 갈비뼈 아래 뿌연 안개가 서린 듯 온통 하얗게 병마가 퍼져있었다. 당시 의사는 폐암일 수 있다는 무시무시한 말로 만약을 이야기하여 아무런 사전지식 없는 자식들을 긴장시켰다. 병상에 누운 사십 킬로 안팎의 가녀린 어머니를 차마 볼 수 없어 병실 밖으로 뛰쳐나와 복도 한쪽 끝에서 하염없이 울었다. 주위 사람들이 달려와 내 품에 안겨있는 큰애가 탈이 난 줄 알고 '아이가 건강해 보이는데 곧 좋아질 거라'는 위로를 받던 그림이 어제 일 같다.

생전 하지 않던 병상 생활을 하던 어머니는 장장 19일을 입원해 계셨다. 물론 퇴원하실 때도 완치 판정을 받고 퇴원한 것은 아니다. 우선 피우시던 담배를 끊고 영양 식단으로 철저하게 가료하라는 주의사항을 듣고 퇴원을 했다. 어머니는 다행히 담배 없이 못 사는 골초는 아니셨다. 어쩌면 임신 초기 메스꺼운 속을 달래려고, 혹은 횟배를 달래느라 한두 대 피운 담배를 하루 여러 차례 습관처럼 피우셨을 것이다. 그러나 그 기간이 근 삼십 년이 넘으셨을 테니 폐 건강에 제동이 걸렸던가 보다. 어머니는 피우던 담배를 거짓말처럼 딱 끊고 식사도 잘하셨다. 그리고 한 달 후 정기검진 날, 다시 병원을 찾게 되니 만감이 교차했다. 접수하고, 엑스레이를 찍고, 떨리는 마음으로 담당 의사 앞에 죄인처럼 앉아 의사의 입만 바라볼 때의 심정이라니.

다행히 나란히 걸린 두 장의 엑스레이 사진, 퇴원 당시와 당일 내원해 찍은 사진을 비교 설명을 해주기도 전에 나는 판이한 두 장의 사진을 보며 확실히 좋아졌다는 걸 감지할 수 있었다. 이미 설명을 듣지 않아도, 의료 지식이 전무한 일반인이어도, 문외한이어도 구름 한 점 없는 맑은 하늘 같은 어머니의 흉부 사진은 '맑음'이었다. 세상을 다 얻은 듯 가슴이 떨리고 울컥했다. 앞으로도 균형 있는 식사와 금연은 필수라는 설명을 듣고 연신 감사하다는 말을 남기고 병원 문을 나올 때의 기분은 하늘을 날았다. 지방에 사는 동기간들은 각자의 일상으로 돌아가고 어머니 늘그막에 본 동생과 나 둘만이 어머니 곁에 남아 어머니와 크고 작은 추억을 쌓던 시절이었다.

그 후 얼마를 지나 집안행사가 있어 동기간이 모였다. 도란도란 옛이야기를 하다 보니 취기가 오른 동생이 당시 어머니 병상 이야기를 쏟아놓는다. 막 전역을 했던 동생은 어머니와 함께 시골집을 개축하고 농사도 지으며 재미있게 사는 희망을 꿈꾸었으니 그 속이 어떠했을까. 직장을 따라 지방에 살던 형을 대신해 종일 병상에 어머니를 지키다가 저녁이면 내게 들러서 어머니의 상태도 들려주고 저녁을 먹고 집으로 돌아가고는 했다. 그런 날들 중에 매형과 한두 잔 할 적도 있었는지 취기를 안고 집으로 돌아가던 동생은 인근 선영을 찾아 아버지 묘소 앞에 엎드려 **'어머니를 제발 살려 주세요.'**라고 울며 애원했다고 한다. 한밤중에 무섭지 않더냐고 했더니 어머니 없는 빈집에 들어가기가 그보다 더 무서웠단다. 그런 동생 말에 화답이라도 하듯 **'그럼 니가 날 살린 게로구나'** 어머니 말에 다들 눈이 동그래졌다.

어머니도 잠시 추억에 잠겨 퇴원하시기 전 꿈 이야기를 하신다. **'생전 보이지 않던 느이 아버지가 보여 웬일인가 했더니 막내아들 때문에 왔구나.'** 아버지는 생시처럼 나타나 약 꾸러미를 건네시며 잘 달여 먹으라고 하시더란다. 어머니 생각에도 그 무렵부터 좋아진 것 같다는 이야기다. 한밤중에 선친묘소에서 간절하고 간곡하게 소원했던 동생의 기도가 발현되었다고 믿어진다. 불가사의하고 신기하지만 분명 21세기의 흔한 이야기는 아니리라. 그로부터 어머니는 이십여 년을 더 수 하셨으니 꿈속 아버지의 약 꾸러미가 신묘할 뿐이다,

낟알

오늘 저녁은 옥수수밥이다. 해 묵은 찰옥수수를 훑어 물에 불려 밥에 두었다. 혹시 씨앗으로 쓸까 하고 몇 자루 두었던 것인데 해를 묵으니 쓰임이 없어진 탓이다. 먹을 게 많은 세월이라도 알곡을 버리기는 양심이 허락지 않아서다. 양이 많다면 군입거리로 뻥튀기를 해도 좋았겠지만, 그만한 양도 되지 않았다. 많은 양을 두지는 않았지만, 입안에서 톡톡 터지는 느낌이 싫을 수도 있겠지만 두 아이도 남편도 유행 그냥 넘어간다.

내가 어릴 때까지만 해도 모든 알곡은 다 귀했다. 수없이 농부의 손길을 타고 수십 번의 발걸음이 다녀간 뒤에 얻어진다는 알곡이라지 않는가. 낟알의 귀함을 딱지가 앉도록 듣고 자랐으니, 밥 먹을 때는 떠들어도 꾸중을 들었고 밥 먹다가 밥알이 떨어지면 아무렇지 않게 주워먹고 자랐다. 특히 선친께서 식사하시는 모습은 의식을 치르는 것처럼 장엄하셨다. 시장기를 잘 나타내지도 않으셨지만 절대 허겁지겁하지도 않으셨다. 수저를 국그릇, 혹은 물에 담갔다가 밥을 뜨신다. 몸으로 마음으로 한 알도 허투루 않겠다는 자세는 어머니나 아버지나 한결같으셨다. 가난한 농부 가난한 선비 살림살이는 무엇이든 귀하지 않은 시절이기도 했다. 1970년대 들어서면서 화학비료와 농약 사용으로 수확이 늘어나 그득하게 낟가리를 해놔도 낟알의 소홀함은 있을 수 없다. 부모님으로부터 대물림된 검약은 내게 생활이었다.

탈곡기 소음과 따가운 짚북데기가 부유하던 가을 타작마당은 풍요를 가져다주어 농부를 미소 짓게 했다. 까끌까끌한 북데기를 덮어쓰고 잔심부름을 하다가 먹는 새참은 또 얼마나 달던가. 긴긴 봄여름 따가운 햇살 아래 허리가 휘도록 전답을 오가고 천우신조로 때때마다 내려주던 단비는 농부에게나 작물에 생명수와 같으리라. 그렇게 주어지는 낟알이니 귀하지 않을 수 있겠는가. 타작마당이 끝나면 마당 한쪽에 수수깡으로 엮은 발로 둥글게 낟가리를 만들었다. 낟가리 둥치 안에 벼를 가득 채우고 고깔처럼 지붕을 해서 씌워 놓으면 먹지 않아도 배가 부른 농부들의 자부심이요 힘이었다. 겨울을 지나면 어느 봄날 낟가리를 해체하고 정미소를 거쳐 입쌀로 돌아온다. 싸전 주인을 불러들이고 매매가 이뤄지면 그 돈은 등록금도 되어주고, 일 년 농사를 대비하는 농자금 생활비, 아버지의 쌈짓돈이 되었다.

아무리 추수를 그득하게 해서 들여놨대도 낟알의 귀함은 바뀌지 않는다. 혁신적인 농업혁명을 거치면서 소출이 늘어나도 식량 걱정이 없다 해도 변하지 않는다. 해토가 되는 이른 봄부터 씨앗 고르기가 시작된다. 알곡을 취득하기까지 수십 번의 손길이 오갔으니 귀하지 않은 낟알이 없다. 콩 타작을 할 때도 팥 마당을 할 때도 멀리 튕겨 나간 낟알 하나하나를 주워담느라 큰 마당을 뱅뱅 돌며 흩어진 낟알을 주워담는다. 어린 시절부터 낟알의 귀함을 숙지하는 과정이다. 도리깨에 얻어맞고 털린 녀석들을 갈바람에 불리고, 솜씨 좋은 어머니가 키를 이용해 까부르면 말끔한 얼굴이 되었다. 낟알을 떨구어낸 콩깍지 팥 깍지에 콩을 몇 줌 곁들인 여물은 여름내 고생한 누렁소에 제공되는 특식이었다. 티끌 하나 없이 정리된 노랑 메주콩, 한겨울 가족들의 단백질 보고가 될 서리태도 어머니의 키질 솜씨 뒤에는 깔끔하게 정리되었다.

지금처럼 유통이 원활하지 않을 때이니 웬만한 잡곡이나 야채, 양념류도 모두 자급자족하던 시절이다. 텃밭에 기대어 해결했으니 과장되게 말하면 텃밭은 요즘의 냉장고나 다름없었다. 가을걷이가 마무리되는 시월상달에는 농가마다 붉은 팥을 켜켜이 얹은 고사떡을 한다. 1년을 마무리하고 집터에도 수돗가, 장독대, 화장실까지 막걸리와 고사떡으로 평안을 기도하고 앞집 옆집 골고루 나눠 먹는 미풍양속이었다. 더러는 자지고 쫄깃한 찹쌀고사떡을 하지만 개인적으로는 두툼하고 촉촉한 맵쌀고사떡을 좋아한다. 고사떡은 귀신을 쫓는다는 붉은 팥을 주로 쓰고, 잿빛 팥은 주로 밥에 두었는데 붉은 팥보다 더 달콤했던 기억이다. 녹두가 귀할 때는 동부 팥으로 청포묵을 쑤었다. 어머니 손끝에서 찰랑찰랑 말갛게 차진 청포묵이 태어난다.

아무리 밥보다 대체식이 더 발달한 현실을 살아도 그 본질은 결코 변하지 않는다. 수술실을 나와서 가장 먼저 대하던 멀건 미음일지라도 낟알은 힘의 원천이요 에너지원이다. 병중이거나 병을 앓고 났거나 정성 들인 죽 한 그릇이면 기운이 났다. 문득 아이들 어릴 때 육아에 서툰 어미를 놀라게 하던 갑작스러운 발열이나 급체에도 유일하게 먹일 수 있는 게 보리차였다. 애면글면 속을 태우고 발을 동동 굴러도 보리차의 힘은 위대했다. 죽 전문점이 성업을 하는 것도 낟알의 힘이리라. 한 문우와 식사할 때 밥 한 톨도 남기지 않는 것을 보고 뒤통수를 맞는 것 같이 놀랐다. 나는 농부의 딸이요, 농부의 아내였다. 거기다 어릴 적부터 몸에 밴 근검은 평소 밥 한 톨도 허투루 버리지 않았지만, 밖에서 해결할 때는 은연중에 과식을 피한답시고 두어 술 정도 남기는 버릇이 있던 터였다. 그날 이후 구내식당을 이용할 때는 '조금만 떠 주세요.' 미리 말하거나 될수록 남기지 않으려 노력하는 습관을 들인다.

"아부지 진지 드세요" 가끔 이 말이 목에 걸려 울컥해진다. 그 좋아하시던 반주도 곁들여 단 한 번만이라도 아버지를 모실 수 있다면 오죽이나 좋을까. 노구솥에 뜸 잘 들인 흰밥이면 더 좋으리라. 가을 단 무로 끓인 소고기 뭇국에 잿불에다 갓 구워낸 자반 한 토막이면 족하실 아버지 밥상을 올리고픈 가을날이다. 우리 곁을 떠나신 지 수십 년이니 허망한 꿈인 줄 왜 모를까. 그리운 내 아버지, 눈앞에 안개가 서려 차라리 눈을 감는다.

- 2019. 추수철

쇠심줄

지난여름 작은 행사가 있던 다음날이다. 근처 동기간들은 다 돌아가고 서울 조카만 1박을 했다. 조카는 숙취가 가시지 않았는지 아침 한술을 뜨고도 소파를 벗어나지 못하고 있다. 청소기를 밀며 옛 얘기로 장단을 맞추는데 그 애 시선이 내게 꽂혀있다. 말이 조카지 그 애도 쉰이 넘었다. 얼듯 느낀 그 아이 시선이 외려 나를 당황하게 한다.

청소기를 밀면서 의아해하던 조카 시선을 의식하지 못했다. 늘 하는 대로 오래전부터 그래 왔기에 의식하지 않았을 것이다. '근데 이모, 왜 청소기를 들고 미는 거야?' 보다 못해 그 아이가 입을 연다. '아, 그래서였구나.' 난데없이 불쑥 들이미는 질문에 웃음도 나고 버릇이 참 무섭구나 싶어진다. 진공청소기의 바퀴가 없는 것도 아닌데 버릇대로 왼손에 청소기 몸체를 들고 다른 손으로 연신 청소기를 밀어대는 모습이 꽤 낯설었나 보다. 짐짓 아무렇지 않은 듯 남편 고집을 이야기를 시작했다. 누구나 일생을 살며 내 집은 한두 번 짓기도 어렵다는 데 우리는 벌써 세 번째 역사를 썼다. 결혼한 지 삼 년 되던 해 작은 오두막을 지었고, 그 작은 집에서 작은 아이를 낳고 큰아이가 대학 입학하던 해까지 살았다.

남들에겐 뜬금없겠지만, 친정이 가까워서 겪는 고민도 있다. 어머니께 막내딸이 잘사는 모습을 꼭 보여드리고 싶지만, 현실은 녹록치 않아, 결혼 이십 년 만에 상앗빛 도는 예쁜 이층집을 지어 내 꿈은 거지반 해소가 되었다. 지인을 청하고 동네 분들을 청해 집들이하던 날 오신 어머니는 한 달이 넘도록 묵어가셨다. 오롯이 남편의 힘과 기술로 지어진 집이어서 온 가족의 애착이 유난했다. 그때부터 남편의 주문이 있었다. 거실의 고급 바닥재가 행여 까지거나 상처가 날까 청소기 몸체를 들고 청소하라는 주문이었다. 마룻바닥은 아깝고 마누라 팔 굵어지는 건 아랑곳없구나, 내심 서운했다. 고급 바닥재가 그럴 리 없고 공연한 기우라고 항거했지만 나는 어느새 청소기를 든 채 청소를 하고 있었다.

남편을 이길 재간이 없을뿐더러 쇠심줄 같은 고집을 누구보다 잘 알고 있었다. 또 이미 그렇게 길들여져 그러려니 익숙해진 터였다. 오늘처럼 청소하는 모습을 다른 이에게 보일 일도 없었으니 코미디 같은 이 상황은 나만 조금 노력하면 될 일이었다. 이모의 결혼생활이 조금 우스웠을까, 삼십 년 결혼생활에도 남편 말에 절절매는 내가 바보 같았을까. '이모부도 참 어지간하시네.' 하며 헛웃음을 웃고 만다. 남자들의 고집은 때로 무모하기까지 하다. 번연히 아닌 줄 알면서도 고집을 피운다. 남자의 고집은 자존심과 무관하지 않다. 아내의 말에 수긍하고 고개를 끄덕이면 자존심에 상처라도 나는지 그들은 늘 고집을 권위처럼 장착하고 산다. 나도 그런 남편과 삼십 년, 달관한 세월이고 보니 그러려니 용인하고 사는 것이다.

가부장적이거나 기죽기 싫은 남편은 특히 더 고집스레 권위를 내세운다. 남편 친구의 아내가 '당신 나이 먹으면 두고 봅시다.' 별렀다더니 더 두고 보기도 전에 어느 순간 고집이 약화되어 한풀 꺾인 남편을 보기가 외려 편치 않더란다. 어떻게든 이겨 보려고 벼르던 그녀는 남편의 한풀 꺾인 그 모습이 더 아프더란다. 그렇다면 남자의 고집은 젊었다는 반증이거나 자신이 아직 건재하다고 믿는 자존심은 아니었을까. 가장이라는 권위를 내세워 아내 위에 군림하던 남편도 나이 듦으로 점차 부드럽게 변해간다. 의학적으로도 갱년기를 겪는 남자들이 여성화되어가는 것도 중장년 여성들이 남성화되어 조금씩 억세지는 현상도 모두 자연스러운 과정이라니 우리네 인생은 영원한 승자도 영원한 패자도 없어 보인다.

때로 그리움에 젖어 눈을 감으면 고향 집 안마당 풍경이 그려진다. '잘그랑' 워낭소리가 들릴 것만 같은 외양간 풍경, 부모님은 늘 순한 암소만 키우셨다. 기운 센 황소를 다루기에는 이미 힘에 부치신 연세였다. 길을 잘 들여 논밭 갈이에 쓰여야 하는 이유이기도 했다. 1980년대가 되어 경운기를 구입하기 전까지 봄이 이슥하도록 누렁소는 이웃집 밭갈이까지 해야 했다. 녀석은 씨앗 파종이 끝나는 망종을 지나야만 농한기를 맞았다. 목덜미에 멍에를 얹고 무거운 농기구를 끌며 논밭 갈이를 하던 녀석은 게다가 일 년에 한 번씩 송아지를 낳아주었다. 어미는 반들반들 황금빛 털을 자랑했고 어린 송아지는 핑크빛 살갗이 드러나는 사랑스러운 녀석이다. 온 가족이 암소를 아끼는 이유이기도 했다.

송아지가 일정 크기로 자라면 불러낸 듯 이웃 마을 소장수가 들락거린다. 소장수가 다녀간 다음 날부터 녀석들은 여지없이 여물을 먹지 않아 주인을 미안하게 했다. 어미는 어미대로 새끼는 새끼대로 식음을 전폐하고 주인과 대치하지만 결국 둘은 헤어져야만 했다. 그렇게 녀석은 등록금이 되어주고 아버지의 몇 달 용채가 되어주고 살림살이에 쓰였다. 논밭 경작지가 적지 않았지만, 위로 딸들은 시집을 갔고 밑으로 고등학생이던 오라비 말고는 기운 쓸 노동력이 없어 논일은 거의 남의 손을 빌려야 했고 어린 나도 학교가 파하면 허리가 한 줌밖에 안 되는 어머니를 도와 밭일을 거들었다. 꼴도 베어보고 아버지가 출타하셨을 때는 여물도 끓였다. 어린 우리가 돌봐도 될 만큼 순한 암소여야 하는 이유이기도 했다.

쇠심줄같이 고집이 센 소가 있었다. 암소는 대부분 유순했지만,

이놈은 딴판이었다. 놈으로 인해 오라비도 나도 걸핏하면 분을 삭이지 못하고 씩씩거렸던 기억이다. 우리 집에 처음 올 때부터 마음에 들지 않았다. 엉덩이 쪽 등뼈가 도드라져 보일 만큼 깡마르고 까칠해 보여 처음부터 정이 가지 않았다. 녀석의 까칠한 외모만 보고 이렇게 미워한 것은 아니다. 녀석은 빽 하면 고삐를 풀고 내뛰는데 당해 낼 재간이 없었다. 아버지는 이미 환갑 진갑 다 지나신 고령에다 어머니는 늘 해소 기운이 있으셔서 녀석의 뒤를 쫓는 건 언제나 오라비와 나였다. 숨이 턱에 닿도록 녀석을 쫓다 보면 고삐를 느슨하게 맨 아버지도 원망스럽고 열일 났다고 고집스레 뛰는 녀석도 미워 견딜 수가 없었다. 골목으로 남의 집 밭둑으로 한참을 뛰다가 놈이 오라비에게 잡혀 집으로 오면 누렁소도 오라비도 모두 지친 뒤였다.

독이 잔뜩 오른 오라비는 분을 삭이지 못해 녀석을 외양간에 몰아넣고 고삐로 몇 차례나 후려갈긴다. 잠시 전까지 분명 미운 녀석인데 얼마나 아플까 싶어 미안해졌다. 그 말썽꾸러기 녀석은 우리 집에 오래 붙어있지 못했다. 감당하기 버거운 놈이었기에 할 수 없이 방출하고 말았다. 마르고 까칠해 보이던 녀석은 분명 이유가 있었으리라. 말 못 하는 짐승이니 몸이 아파도 아프다 말도 못 하고 그저 내뛰기만 한 건 아니었을까, 세월이 많이 지나고 든 생각이었다. 내 속을 태우던 미운 놈이 이토록 오래 잔상이 남아있다니 아이러니가 분명하다. 요즘 일하는 소는 거의 없다. 고기를 위한 육우와 새끼를 낳는 종우가 있을 뿐이다. 예전에는 새

끼도 낳고 일도 해야 하니 나이 먹은 소를 도축했다. 녀석들의 질긴 힘줄은 일생 주인을 위해 일한 결과물이다. 그러고도 녀석들은 해마다 새끼를 낳고 궁극에는 인간을 위해 고기까지 내어주었으니 '쇠심줄 같은 고집'이라는 말은 바뀌어야 하지 않을까.

남편의 쇠심줄같이 고집 센 성향은 무한 경쟁 구조 속에서 살아남으려는 안간힘이 아니었을까. 학교에서 사회에서 어떻게든 자신을 드러내야 했기에 저절로 생겨 난 훈장이요, 자신을 지키고 가족을 지키는 그만의 자존심이었으리라. 문득 질긴 힘줄을 씹을 때 남들은 보통 씹다가 뱉는 그 힘줄을 나는 되도록 오래 씹는다. 단백질 특유의 고소하고 달큰한 그 맛을 놓치고 싶지 않기 때문이다. 소고기가 귀하던 시절에 생긴 버릇이리라.

죽엽산

어린 날의 추억여행은 先塋의 묘역을 놀이공원처럼 드나들던 시절부터 함께한다. 누구나 그렇겠지만 유년기의 기억은 세세하지 않고 조각조각 작은 편린에 불과하다. 그 얼마 되지 않는 기억들도 흑백 사진으로부터 파생된 꿰맞춘 것이거나, 어른들에게서 들어온 이야기를 마치 내가 경험했던 것처럼 갈무리한 것은 아닌지. 어머니의 기억 속에 나를, 내 기억 속에 조각을 내 기억인양 저장해 둔 것은 아니었을까.

60년대를 지나온 어린 시절은 호랑이, 승냥이, 달걀귀신, 망태할아버지 이야기, 이불을 덮어쓰고 들었던 순박한 시절이다. 벌건 대낮에도 집 근처 야산에 古塚을 보아도 '걸음아 날 살려라' 뜀박질을 하고, 상여막이 있던 길은 숫제 혼자 지나는 일이 거의 없을 정도였다. 그러나 유독 응골산의 많은 봉분들은 무섭지도 두렵지도 않았으니, 양지바른 산자락마다 자리한 봉분은 다름 아닌 친정 윗대 조상을 모신 선조들의 선영이다. 주입식으로 듣고 자라온 영향인지, 두렵거나 무서운 대상이 아닌 아버지의 아버지, 또 그 아버지의 어머니 아버지들의 영원한 안식처이다. 고만고만 자라는 후손들의 놀이터, 이 웅골산은 우리의 온전한 놀이터였다. 그분들을 뿌리로 우리가 태어났고 그곳에서 뛰어놀던 아이들은 가정을 이끌어가는 가장이 되고 안주인이 되고, 사회일원으로 삶을 살아내고 있다.

야트막한 둔덕을 몇 개 오르내리도록 높낮이가 완만한 그 웅골산은 봄이면 진달래꽃 따고 고사리와 온갖 산나물을 하던 추억의 동산이다. 그 산자락에 정기를 받고 자란 유년 시절을 더듬으면 눈물이 날 만큼 어머니의 품처럼 포근하고 아늑했다. 매일 눈 뜨면 티격태격 하루도 빠짐없이 크고 작은 이야기를 만들어내던 친구들이다. 계절별 코스가 완비된 야산은 놀이터에서 산나물을 하고 고사리를 꺾고 한여름 비 온 다음날은 친구와 버섯을 딴다고 이슬에 무릎까지 적셔가며 나무 밑 풀숲을 헤매고 다녔다. 가을이 오면 알밤에 도도리 줍는다고 또 수없이 오르내리던 동산, 한데 엉겨 놀기에도 부족했던 하루해, 바구니를 다 채우지 못해도 함께하는 것만으로도 의미는 충분했다. 마을과 맞닿은 웅골산 초입에서 둔덕을 두어 개 지나 골짜기로 내려가면 작은 물웅덩이가 있는데 동네 분들은 그 웅덩이를 '옻 물'이라고 불렀다.

시골 마을은 어디든 옻나무와 가래나무가 많았다. 그 나무는 피부 트러블을 유발하는 독성이 있어 피부에 닿거나 심한 경우 근처만 가도 온몸이 가렵고 붉은 발진을 일으켰다. 그때 '옻'을 심하게 타는 사람은 환부에 '옻 물'을 바르면 약이 된다는 '묘약'을 품은 웅덩이였다. 나는 직접 경험한 적은 없지만 한번 옻을 타면 그 괴로움으로 다시는 근처에 가기도 겁을 내는 사람들을 보거나, 오늘날 보양식처럼 인식되는 옻닭, 옻오리가 아무리 몸에 좋아도 먹지 못하는 사람들을 보면, 과거 자랄 때 옻을 경험한 사람이 분명하리라. 그런 옻의 쓰임이 또 있다. 이미 1970년대 중반 즈음 도심에서는 입식 주방과 식탁 문화가 정착되어갈 즈음이지만 아직 시골의 식문화는 가장과 노모, 혹은 가장과 장남이 겸상을 하고 나머지 식구들은 두레반이라는 둥근 상에 둘러앉아 밥을 먹었다. 흔히 보는 시대극 드라마에서 보는 그림대로다.

2인 겸상의 경우 빙 둘러앉아 먹는 두레반보다 가장의 권위를 나타내는 상징물이다. 소위 개다리소반이라는 술상보다 조금 큰 2인 겸상은 붉은빛이 은은하게 도는 흑광을 자랑했다. 그 옻(漆)의 원료는 다름 아닌 옻나무에서 추출한 진액이었는데, 아무나 하는 작업이 아니어서 '옻'을 잘 다루는 기술자 노부부가 몇 해에 한 번씩 동네를 순회했다. '옻'을 녹이는 용기와 옻칠을 하는 붓과 몇몇 기구만으로 출장을 다닌다. 두 분이 마을에 오면 미뤄 두었던 '옻'칠을 맡길 기회를 놓칠세라 어머니는 크고 작은 목판까지 꺼내와 칠 작업을 맡기셨다. 방금 칠을 한 목판의 단순하고 소박한 아름다움은 잊을 수가 없다. 그 목판에 담겼던 다식이며, 강정이며 과줄까지, 어머니와의 추억이 담긴 목판은 그래서 더 진한 아름다움이라 기억이 된다.

천지 분간 없이 뛰놀던 응골산의 추억은 이제 아스라이 멀어졌다. 산허리가 끊기고 낯선 도로가 생겨나고, 도심처럼 약수터를 찾는 이도 많아져서 등산로가 생겨났다. 내 어릴 적 뛰놀던 모습은 온데간데없으니 그리움도 무뎌진다. 그 동산의 추억을 대체할 양으로 매일 바라보게 된 죽엽산은 바라만 보아도 마음의 안정을 찾는다. 마치, 다정하진 않으셨지만, 또 자식들의 바른 언행을 위해 엄하실 수밖에 없던 내 아버지를 닮았다. 아버지의 커다란 등을 닮은 죽엽산에 나는 이미 마음을 내어주었다. 그 거대하고 커다란 산등성은 계절마다 다른 얼굴 다른 풍광으로 아름다운 사계를 눈앞에 펼쳐낸다. 그 질리지 않는 멋진 풍광을 거실 창 너머로 매일 볼 수 있다는 것에 늘 새로운 기대감에 들뜬다.

죽엽산의 사계, 봄이면 겨울의 멋들어진 설경을 뒤로하고 새봄이 채 깨어나기 전에 잿빛 죽엽산은 삭정이와 헤묵은 낙엽, 음지의 잔설들을 제치고 저 깊은 곳으로부터 급격하게 물을 끌어올려 온 산을 초록으로 살찌운다. 꽃을 피우고 산 벚꽃을 필두로 진달래 철쭉이 이어지고 눈부신 백색의 밤꽃이 피는 즈음이면 산은 온통 초록으로 부풀어 올라 가장 눈부시고 풍성한 죽엽산이 된다. 물론 진달래 철쭉이 꽃망울 터트리는 건 내 집에서 볼 수는 없다. 그렇지만 산 벚나무 밤나무의 눈부시고도 거대한 '꽃 무더기'

는 멀리 내 집 거실에서도 감상할 수 있고 만끽할 수 있다. 초록의 계절을 지나 고운 단풍과 설산의 아름다운 풍경화를 내어주는 죽엽산을 나는 그렇게 가슴에 품었다.

응골산이 아기자기한 추억을 간직한 어머니 산이라면 죽엽산은 내게 위안을 주고 안정을 주는 든든한 아버지와 같다. 눈 녹인 새봄의 황량하고 적막한 검은 산은 봄비를 만나 새 움이 트고 새싹은 하루가 다르게 푸르게, 푸르게 부풀어간다. 그 모습은 마치 말없이 가족을 위해 가정을 위해, 유약함을 숨기고 강한 가장의 모습으로 살아오신 아버지를 닮아 더 아릿하다. 누가 보아주거나 누가 찾지 않아도 언제나 그 자리, 거센 눈보라 강한 햇살 비바람을 견디어 온 죽엽산이다. 점점이 박힌 철탑들을 가슴에 품은 죽엽산, 외로운 가장의 모습으로 살아온 내 아버지를 닮은 산등성이를 바라보면서 아버지를 향한 그리움을 삭인다. 때때로 미세먼지와 짙게 깔린 연무로 인해 죽엽산을 멀리 떠다 민 듯 가물가물하다. 아버지와 함께한 시간보다 더 길어진 이후의 세월, 추억을 삼키고 내어주지 않는 아련한 그리움을 죽엽산에 묻는다.

부모론

갈등은 오래갔다. 자식 일이고 보니 밖에 나가 누굴 붙잡고 하소연하기도 남부끄럽다. 대체 어디서부터 잘못된 걸까. 오롯이 애들 키우는 일이 내 젊은 날 소명이라고 자부를 할 만큼 두 아이를 위해 온 신경을 다 써왔다. 그러나 결과를 놓고 보니 내가 과연 아이들을 잘 키웠는지 자신할 수가 없다. 그냥 사랑을 빌미로 아이들을 내 틀에 가두고 자기만족을 했으며 그 부메랑으로 마음을 다친 상처 난 어미일 뿐이다.

무수한 대립은 아이가 성인이 되고 나서 부터다. 군에 다녀오면 나는 내 아이가 어른처럼 생각하고 행동하는 진정한 성인으로 거듭나는 줄 알았다. 요즘 들어 생각하니 정말 말도 안 되는 김칫국이었다. 아이는 내가 바라는 대로 완벽한 성인이 되지 않았을 뿐 아니라 사춘기 때도 하지 않던 반항적 요소가 늘어나 실망만 안겨주었다. 어미 말에 고분고분 경청을 하고 수긍하던 이전에 아이가 아니다. 조목조목 반박할 근거를 들이대니 논거에 약한 어미는 속수무책 아이가 미울 뿐이다. 어쩌면 저 모습이야말로 어미인 나에게 벗어나 진정한 성인으로 거듭나는 모습이려니, 저 모습이야말로 어미 품을 벗어나는 날갯짓이로구나, 슬픈 안도가 엄습해 복잡하고도 미묘한 심사로 착잡해 온다.

아이는 자신의 자신감 부족 이유가 제 어미의 지대한 과잉 관심이 불러온 결과 때문이란다. 이렇게 해라, 저렇게 해라는 식의 어미 간섭이 저를 나약하게 만들었다는 원망이다. 날카로운 가시에 찔린 듯 명치끝이 아파온다. 나는 무조건적인 사랑을 퍼붓다가 조금 실망했다고 자식에게 못난 속내를 드러내는 사람이 결코 아니라고 자신했다. 어미로서 나의 항변도 이유가 없지 않다. 그동안 제 갈 길을 찾지 못하고 방황하는 아이를 이제껏 지켜봐 왔다. 좀 더 나은 길을 찾기 위한 도약이며 과도기일 거라고 자기 최면을 걸기도 하고, 무심한 듯 모른 척도 해 보았다. 그러나 결과는 아직도 사회생활에 미성숙한 모습을 보이는 아들로 실망과 원망이 나를 옥죄게 될 줄은 정말 몰랐다.

아이는 대학 졸업을 얼마 남겨두고 대기업계열 지인 사무실에 낙점이 되었다. 성실하고 착하기만 했던 큰아이는 온 가족에 응원과 기대 속에 첫 출근을 했다. 일주일간의 사무실 동정을 간파한 아이는 십 여일의 짧은 직장생활을 접고 퇴근길에 그만두겠다고 이미 사무실에 말했다는 통보다. 하늘이 갑자기 노래졌다. 오너인 지인의 얼굴도 떠오르고 축하 전화를 해주던 주위 분들 얼굴이 스치듯 지나갔다. 아이는 점심을 먹고 뒤돌아서 업무에 복귀하는 사무실 풍경을 도저히 이해할 수 없으며 적응할 수가 없다고 했다. 어미의 타들어 가는 심정은 까맣게 모른 체 앞으로의 긴 방황을 예견하는 '화무십일홍' 딱 열흘간의 행복이었다.

우여곡절을 겪은 아이가 전공을 살려 취업을 했다. 일 년 계약직으로 군 생활 이후 처음으로 부모 슬하를 떠나는 명실공히 독립이란 것도 했다. 계약 기간이 만료되기 전 정규직 전환도 있을 수 있고, 계약 연장도 할 수 있다고도 했다. 그러나 아이는 이번에도 일 년을 다 채우지 못하고 하숙을 접고 돌아왔다. 더 나은 직장을 구하려나 보다, 일말의 희망을 거두지 않았지만, 걱정스러운 속내는 감출 수 없었다. 다음에도 그다음에도 좀체 직장생활을 길게 하지 못하는 아이로 인해 속이 타들어 갔다. 내색할 수는 없었지만 우려가 현실이 되어가고 있다는 불안감이 엄습했다. 남편의 일을 돕고는 있어 백수라는 타이틀에서 벗어났다지만 어쩐 일인지 아버지의 일은 또 배울 만이 없단다.

아, 이 아이는 대체 어쩌자는 걸까. 번듯한 대기업은 언감생심 꿈도 꾸지 않는다. 점점 꿈이 옅어져 첫 직장 때 사순 양복에 하얀 와이셔츠를 받쳐 입고 출근하는 그림을 그려보는 일도 접었다. 작은 사무실, 중소기업도 과분할 지경이었다. 이 마음고생에서 빨리 벗어나고 해방되기를 간절하게 기도할 뿐이다. 애써 의연하여

지려고 노력하지만 쉽지가 않다. 빠르게 변화하는 세상에 내 아이만 고립되는 건 아닐까 하는 걱정은 차라리 공포에 가깝다. 왜 사춘기 때도 어미 속을 썩이지 않던 녀석이 나이 서른에 이리 어미 속을 썩이는 걸까. 아이의 말처럼 내 교육방식이 잘못된 걸까. 매체의 지적처럼 '청년 백수' '고학력 실업자'라는 딱지가 내 자식에게도 붙여지는 건 아닐까 피가 마른다.

어쩌면 내 아이의 부족한 끈기나 부족한 경제관념은, 어미를 닮아 벌어진 사태일지도 모른다. 생각이 여기에 미치자 그만 내 발등을 찍고 싶다. 아, 진정 그렇다면 내 아이의 끈기 부족과 희박한 경제관념은 전적으로 내 탓이 분명했다. 평소 나는 돈 없어도 살아갈 수 있다는 신조였다. 태생이 작은 시골 마을 출신이어서 그런지 물욕도 사치도 몰라 돈에 필요성도 크지 않다. 거창하게 道家적 삶을 살겠다는 큰 뜻이 아니다. 다만 지금껏 삶이 그랬듯이 작은 텃밭에서 얻어지는 채소로 철 따라 자급자족하고 이웃 간의 나누는 정도 그중 한 몫이 되리라, 경제관념이 모호해도 당연시했다. 또 그 아이는 두 차례 자연유산을 겪은 뒤에 찾아와준 첫 선물이었기에 태중에서부터 온갖 기쁨을 안겨주던 사랑스러운 내 아이가 아닌가.

아이가 태어나면서 서울, 경기도에 사는 사람들은 애를 어찌 키우는지 보고 싶으신 건지 고향의 형님들이 자주 다녀가셨다. 육칠백 리 먼 길을 한 해에도 여러 차례, 교통도 잠자리도 음식도 모두 불편하셨을 텐데 그리하셨다. 훗날 당신들께 자부가 생기고 손주들이 태어나고 나서야 그 순례기가 뜸해졌다. 이후에 다소 뜸해진 방문은 왠지 서운한 감도 없지 않았으니 두 형님이 보여주던 지대한 관심이 싫지만은 않았던가 보다. 고향 형님들께서 별 탈 없이 탐스럽게 크는 아이를 가운데 두고 좋아라고 어르실 때 인사차 들렀던 친정어머니가, **'그러니 애 어미가 얼마나 힘들겠어요.'** 하시더라는 말씀은 후에 맏동서님을 통해 간간이 회자되었다. 몸무게 겨우 오십 남짓 나가는 딸이 10킬로가 훨씬 넘는 아이를 처네로 업고 남편 뒷바라지에 잦은 손님치레까지 강동거리는 모양새가 안타까워 나온 본심이셨을 것이다.

오래전, 한 티브이 매체를 통해 입담 좋은 전문가가 나와 방송매체의 금기 주제를 가지고 꽤 여러 주에 걸쳐 **'아름다운 우리들의 성'**이라는 주제로 성인 대상 성교육을 한 적 있다. 그중 **'착하고 어리기만 했던 아이가 사춘기 때부터 어미 말에 토를 달고 어깃장 놓고 이런저런 속을 썩이지만, 아이가 태중에서부터 어미에게 준 기쁨을 생각한다면 웬만한 불효쯤 다 상쇄하고도 남는다.'** 유독 기억에 남는 말이다. 진정 그 아이로 인해 행복했고 그 아이의 웃음 하나, 행동 하나에 울고 웃으며 행복했던 날들을 돌아보니 요즘 겪는 마음고생쯤은 감내해야 할 내 몫이었다. 무엇보다 수유기 때 어미는 한 시간만 아이와 떨어져 있어도 유액이 차올라 가슴이 '찌르르'해져 아이를 찾는다. 두 돌이 지나 아우를 보고서도 잠투정을 할 때면 어미 젖가슴을 더듬던 아이였으니, 하늘이 맺어준 천륜이 아니고 무엇이랴.

긴 시간을 어미와 대립하던 내 아이는 요즘 다행히 작은 중소기업에 적을 두었다. 부디 방황은 여기서 끝이기를 간절하게 기도해본다. 10년 20년 근속상은 바라지 않는다. 다만 하는 일에 재미를 붙여 회사에 정도 붙이고 연애도 하고 다른 친구들처럼 청춘시절을 아름답고 멋지게 보내기를 간절하게 바랄 뿐이다.

- 2016. 봄

나의 독자론

대지가 꽁꽁 언 겨울밤, 낯선 독자와의 긴 통화가 있었다. 얼굴도 본 적 없는 이와의 두어 번 통화가 더 있었고 기어이 작가를 꼭 만나야 한다는 채근을 이기지 못해 길을 나섰다. 연배도 비슷했고 흔치 않은 인연의 연결고리는 더 이상 거절의 빌미가 되지 못했다. 그렇게 마주 잡은 두 손, 서로의 느낌보다 이즈음 잡아 본 적 없는 억세고 뻣뻣한 손을 잡자 뜻 모를 경외감에 눈물이 날 것만 같다. 나와는 불과 서너 살 위 인생 선배라지만 한참 어른을 대하듯 조심스럽다. 이미 처음 통화를 통해 딸님 둘을 수녀님으로 키웠다는 것도 존경스럽지만, 사연 많은 남편을 만나 가정을 이루고 산 저간의 세월을 가늠하니 가슴이 저릿해 온다.

지난 1월 초, 어느 날 첫 통화를 한 데 이어, 작가를 꼭 만나야 한다는 그녀의 반강제적인 소환 재촉에 응하겠다고 했다. 그러나 현실은 칼같이 매운 정월 추위다. 철원에서 나를 만나러 온다는 그녀를 위해 보일 수 있는 내 성의는 포천까지 마중 가는 것이다. 그녀와의 만남을 망설일 수밖에 없는 이유는 수개월 전 출간한 수필집의 한 꼭지를 장식한 작품 때문이다. 출간을 마냥 기뻐할 수만은 없는 사정이기도 했다. 나의 짧은 필력으로 상처를 가진 한 여인의 아픔을 세상 밖으로 드러내 보이는 것에 수없이 망설일 만큼 마음이 무거웠다. 더구나 독자 중에 그 작품을 콕 찍어 관심을 보이는 지인을 만날 때면 반가움보다 두려움이 가중되었다. 언제 어느 때 그 가족들 귀에 들어갈까 봐 신경이 쓰였다. 내 수필집을 많은 사람이 보아주길 바라는 마음과 또 아무도 보지 않길 바라는 마음이 수없이 교차했다.

낯설고 들뜬 목소리로 그녀가 자신을 밝혔을 때 '급기야 일이 터졌구나.' 가슴이 덜컥 내려앉았다. 그러나 그들은, 허락은커녕 동의도 없이 남의 가정사를 작품화한 서툰 작가를 나무람도 힐책도 하지 않았다. 다만 자신들 어머니 사연에 귀를 기울여주고 예쁜 눈으로 세상을 관찰하고 기술해 주었다는 것만으로 고마움을 표해왔다. 발간의 기쁨을 온전하게 즐기지 못한 피라미 작가는 울컥 목이 메어 밤늦도록 뒤척여 잠을 설쳐야 했다. 또 그녀는 남편의 눈물을 고백해왔다. 남편과는 스물두 살 동갑에 만나 사십년 넘게 살고 있지만, 남편의 그런 뜨거운 눈물은 지금껏 본 적이 없었다는 말에 가슴이 턱 막혔다. 다 아문 상처를 들추어 중년 남자의 눈물을 쏟아내게 하다니, 타고난 새가슴이 사정없이 빙밍이 질을 했다. 도대체 내가 무슨 짓을 한 것일까. 아무 말도 할 수 없는 나는 다만, 모든 걸 다 잊고 어머니와의 상처가 말쑥하게 봉합되기를 기도할 뿐이다.

민족상잔의 비극, 전란이 스치고 간 자리에 상처 없는 사람이 어디 있으며, 어려움 없이 산 인생이 또 어디 있으랴. 그런 비극적 주인공이었던 자신의 어머니를, 젊은 시절에는 다 이해하기 힘들었을 것이다. 이미 그렇게 되어버린 환경이 현실이 아니기를 기도했을지도 모르고, 가엾은 어머니를 원망했을 수도 있다. 그러나 여리고 착한 어머니를 마음 놓고 미워할 수도, 원망도 할 수도 없었을 것이다. 그런 중에도 그들은 주어진 삶을 너무나 성실히 잘 살아왔고 아름다운 중년이 되었다. 예전 어느 즈음부터 나는 사연 많은 한 여인의 삶을 재조명하고 싶은 강한 욕구가 꿈틀거려 조바심이 났지만, 결혼과 출산, 육아라는 현실이 있을 뿐이었다. 그사이 소설가 꿈도 세월과 함께 무뎌지고, 퇴색되었다. 그리고 인생의 절반쯤 살아오며 자신을 돌아보던 사십 중반 즈음, 저 깊은 심연에 남아있던 작가의 불씨가 조금씩 살아나기 시작했고 심장이 뛰었다. 습작을 다시 시작했다.

어릴 적 '늦되는 아이'의 전형인 나는 또래 친구들보다 어수룩한 아이였다. 그러니 또래와 잘 어울리지 못하고 주변을 맴놀고 관망하는 버릇이 생겨 지금의 나를 만들었다. 상상하고 유추해 나갈 때 묘미와 쾌감은 발칙하게도 다시 작가의 꿈을 꾸게 했다. 그리고 나를 더욱 자극한 것은, 세상에는 아름답지 않은 인생도 없고 아름답지 않은 사람도 없다는 시선을 갖게 된 것이다. 정신적 재무장을 했음에도 발현과 실현으로 나아가기까지 또 수년의 습작 기간이 흘렀다. 알곡도 여물어가는 시간이 필요하듯 쌉싸래한 떫은 미숙 과일도 시간이 흘러야 단맛을 품는다. 욕심을 내어 쉰여넓에 자작 수필집 『비타민이 열리는 나무』를 출간했다. 단 한 사람이라도 내 글에 공감해주면 좋겠다던 초심은 어디 가고, 어느새 독자 반응이 궁금해 촉각을 세운다. 얼마나 어리석은 짓인지를 뻔히 알면서도 속물근성을 버리지 못한 나는 아직도 떫은맛을 감추지 못한 미숙 과일이었다.

어떤 독자가 좋은 독자이며 나는 또 어떤 독자였을까. 박경리 박완서 이외수를 사랑했고 시드니 셸던, 신경숙, 공지영으로 이어지는 나의 독서 편식을 보아도 알 수 있듯이 이미 대중적 인지도를 의식한 나의 독서 편향은 결코 바람직하지 않았다. 독자들보다 작가가 많다는 현실, 잔잔하고 소소한 일상 이야기가 대부분인 자작 수필집 특성상 밋밋하다는 지적도 활자가 작다는 지적도 받아 보았다. 밋밋하다는 것은 어쩌면 강렬한 메시지가 드러나지 않았다는 뜻일 수도 있고, 활자가 작다는 이야기는 정제되지 않아 줄거리가 길어 장황하다는 지적일 수 있다. 그러나 기쁨은 아주 작은 것으로부터 기인한다. 봄여름, 가을 내내 밭농사 사과 수확으로 바쁘셨던 문우님께서 이제야 수필집을 다 보았으며, 사모님께도 '일독'을 권하셨노라 새해 첫날 주신 전화에 큰 힘을 얻는다. 무엇보다 청주에 사시는 평론가님께서 인지도 낮은 '무명작가'를 위해 〈독서신문〉이며, 〈문예지〉를 통해 『비타민이 열리는 나무』를 언급해 주시는 것에 무한감동을 넘어 가슴이 뜨거워진다.

비록 좋은 평가가 아닌 독자 반응도 겸허하게 수용하고 받아들이는 진정한 글쟁이로 거듭나리라. 내게, 작가를 꼭 만나야 한다고 치근대던 그녀는 분명 남다른 독자다. 자신에 엄청난 독서량을 고백할 때는 강적을 만났다는 위기감도 없지 않았다. 거기다 단순한 독자가 아닌 작품 속 인물의 가족이라는 긴장감으로 가슴을 더 졸였는지 모른다. 그렇게 만나 공통된 한 사람을 추억하던 귀한 시간도 고맙고 감사하다. 녹록지 않은 긴 세월을 살아오면서 시어머니에 대한 원망보다 여리고 마음씨 고운 어머니를 기억할 뿐이다. 나는 또 그 독자를 위해 기도한다. 그녀의 남편이 자신의 어머니와 진정한 화해가 이루어졌기를 소원하고 또 그들의 건강을 위해 기도한다. 내게 무서운 독자였으며 진정한 독자였던 그들을 위해.

- 2017. 2.

귀국선

'시골 가면 꼭 성줄재는 꼭 가봐.' 삼십오 년 전 결혼식을 앞두고 시누님 댁에 올라와 계신 시어머님께 인사를 갔을 때 들은 말이다. 셋째, 넷째 시누이가 입을 맞춰 **'할매 장죽에 대구빡 안 맞고 큰 애는 재밖에 없어.' '우린 다 맞고 컸어, 재만 안 맞고 컸다니까.'** 고향에 가거들랑 증조할머님 산소는 꼭 다녀오라는 두 분 말끝에 막냇동생을 살짝 질투하지는 않았었나, 순간적으로 스친 생각이다.

그 시절, 토지를 혼수로 지참하셨을 만큼 증조할머님의 카리스마는 대단하셨던가 보다. 눈에 넣어도 아프지 않다는 손주 사랑인데 하물며 증손이 아닌가. 옹기종기 팔 남매가 재떨이 심부름, 화로 심부름, 요강 심부름까지, 마치 입속에 혀같이 사랑방을 드나들며 잔심부름하는 증손들에게 상죽 맛을 보이셨다니 얼핏 이해가 가지 않는다. 그 할머님이 누운 성줄재가 궁금했다. 고향 문

중의 산등성이 작은 재 넘어 집안 묘역으로 단장된 곳, 증조할아버님이 일찍 세상을 뜨시고 할머님의 홀로 생활이 길어지셨지만, 다행히 후손들의 효성은 지극하셨다. 유일하게 장죽 맛을 안 봤다는 막내가 짝을 만났으니 꼭 할머님 유택을 다녀오라는 당부다. 시누님들 당부처럼 우리는 한 해도 설과 추석에는 거르지 않으려 노력한다.

위아래 삼대가 모여 일 분대가 넘는 후손이 이 열, 삼 열로 서서 예를 올린다. 가져간 삼색 과일을 상돌 위에 놓고 포위에 저분을 얹는다. 한잔 가득 따라 묘 언저리에 사르르 붓고 새로 잔을 채워 잔대에 올리고 재배를 한다. 시댁의 예법을 따라 깊숙이 오래 엎드려 절하고 일어나 가볍게 묵례로 반절을 한다. 절하는 예법도 이젠 익숙하다. 지역에 따라 가문에 따라 인사법이 다르잖은가. 결혼 초 남편과 나란히 절을 하면 남편이 한참을 일어나지 않아 예법이 살아있다는 '예천'을 실감했다. 언제인가 첫 신행 때 궁금했던 이야기를 물었더니 장난기가 발동한 남편이 '한잠 자고 일어나는 건데 몰랐냐.'고 놀려댄다. 그런 느낌은 나쁜 아니었는지 곁에서 듣던 서울댁이 자신도 궁금했었노라 거들고 나서니 좌중이 떠나갈 듯 웃었던 기억이다. 벌써 오래전 풍경이다.

성묘를 하러 가면 둘째시숙님께서는 유택 주인에 관한 추억을 하나씩 꺼내 들려주시거나, 또 내외분이 따로 계시던 어른을 윤달이든 어느 해 합장을 해 드렸다거나 하는 일련의 과정을 들려주신다. 고향을 지키고 계신 어른이시며, 연세도 家禮에도 산 증인과 같으시니, 후손들에게 일러두어야 할 의무라고 여기시는 듯하다. 성묘를 나서기 바로 몇 시간 전, 차례를 준비 중이던 가족들에게 고하실 때도 그랬다. 당신은 이제 팔십 노구가 되었으니 제례에 관한 한 장조카에게 정식으로 이양하신다고 공표하셨다. 가족 모두의 협조와 협력을 바라신다고 이르실 때 모두 박수로 동의하고 잠시 숙연해졌다. 조상님께 예를 올릴 때가 가장 진중하고 멋있는 장조카, 사람 좋은 인상에 장난기 가득한 조카의 어깨가 무거워졌다.

증조부모님, 조부모님 차례로 예를 갖추고 부모님 묘소에 절을 하고 난 다음이다. 다른 때 듣지 못했던 아버님의 귀국선 이야기를 들을 수 있었다. 사실 아버님께서 징용을 다녀오신 이야기는 지나치듯 들은 바 있었다. 아픈 이야기라서 남편한테 차마 묻지를 못했었던 이야기를, 둘째시숙께서는 당시 대여섯 살쯤이라고 기억하셨다. 일본의 패망으로 천황이 항복을 선언하면서, 징용으로 일본에 가 계셨던 아버님은 고국에 돌아올 수 있는 우키시마호에 올랐던 것이다. 얼마나 기다리던 귀향이었을까. 고향에서 기다릴 부모형제 젊은 아내와 어린 삼 남매를 볼 생각에 귀국선의 순항을 기도했으리라. 그러나 온전한 행복은 허락되지 않았다. 우키시마호에 드리운 검은 그림자를 상상이나 하셨을까.

귀국선에 올랐으니 그리운 고향 산천, 사랑하는 부모형제 행복한 귀향이 바로 코앞이었는데, 폭음과 함께 군함이 폭발했던 것이다. 배는 산산조각이 났으며, 오백 명이 넘는 사상자가 났다고 했다. 기록에 따라서는 수천 명에 이른다는 대형 사고다. 악의적이고 고의적인 폭발이라는 說이 지배적이지만 패전에 소용돌이 속에 철저한 수사가 이뤄졌다고 믿는 이는 아무도 없을 것이다. 그 아비규환 속에서 아버님은 사력을 다해 헤엄치다가 어렵게 부서진 배 조각 하나를 잡고 간신히 버텼다고 했다. 결국 아버님을 발견한 건 헬리콥터였으며 겨우겨우 살아 돌아오셨다는 영화 같은 이야기다. 단 몇 문장으로 요약을 했으나, 차디찬 바다와 목숨을 건 사투를 벌인 긴박했던 상황 탓일까 아버님은 그 후로 힘든 일을 끝내 못하셨단다. 죽을힘을 다해 용을 썼을 테니 평생 몸살을 앓아 오셨으리라.

시숙님의 기억은, **'등에 올라가 좀 밟아라.'** 아버님이 도움을 청하면 엎드린 아버지 몸 위로 올라가 지근지근 밟아드리곤 했다는 오래된 기억이셨다. 아무것도 모르던 어린 시절을 지나니, 동네 분들도 아버님도 우키시마호 폭발 이후 망망대해에서 살고자 온몸으로 용을 쓴 탓이러니 그리 여기시더란다. 마치 어제 일인 양 기억에서 꺼내셨지만, 칠십 년도 너 된 이야기다. 결혼하고 뵌 아버님은 남편보다 더 호남이셨다. 그러나 기실은 남모르는 고통 속에 평생을 사신 것이다. 아버님과 같은 귀국선 피해자들이 보상을 받았다는 이야기는 들어본 적이 없다. 귀국선을 탔던 생존자와 사상자들을 위한 진상조사도 그에 맞는 보상도 할 여력도 의지도 없었던 시절이 아닌가.

우키시마마루호 폭발사고 이야기는, 고향 예천을 떠나와 이곳 포천에 뿌리를 내린 문우님께도 들은 적이 있다. 문우님 부친께서도 귀국선을 타셨는데, 끝내 돌아오지 못한 사연을 갖고 계셨다. 흑막이 짐작되는 폭발사고로 부친을 잃었으니 그 서러움과 분노에 치를 떨었다. 복수의 칼을 갈며, 어서 어른이 되고 복수할 날을 기다렸다고 한다. 가슴에 칼을 품고 일본으로 건너가 전범 누구이건 한 놈이라도 죽이고야 말리라, 한동안 구체적 구상을 하고 복수만을 염두에 두었더란다. 울분과 분노로 가득찬 소년이 찾은 사찰에 주지 스님은 복수심에 불타는 소년을 눈여겨보셨던가, 상처 난 마음을 어루만지고 냉정해지도록 불심을 심어주셨고 점차 안정을 찾으셨단다. 복수는 또 다른 복수를 낳을 뿐이며 또 다른 죄의 시작이 아닌가.

1945년 8월 24일 귀국선을 탔던 3,725명, 고향에 돌아오지 못한 많은 희생자를 생각하면 가슴이 저리다. 희망의 우키시마호 군함이 일시에 공포로 가득했을 망망대해에 폭발과 그 잔해들, 삶을 향한 아우성과 싸늘한 주검들 속에서 구사일생하신 아버님은 온몸으로 후유증을 앓아오셨다. 다행히 남편도 내 아이들도 세상 빛을 보았으니 기적과 같은 일이다. 남편한테 듣지 못하던 아픈 가족사에 놀라고, 남편한테 듣지 못한 이야기라서 아팠던 시간, 젊은 아버지와의 추억을 간직한 시숙님을 부럽게 바라보는 남편 머리에 서리가 하얗다.

영친회 사랑

아, 지각이다. 어쩌다 이 난감한 상황을 만들었을까. 여태 이런 일은 없었는데 어쩌다 늦잠을 자는 실수를 했단 말인가. 쥐구멍을 찾고 싶은데 그럴 여유는 주어지지 않았다. 우선 약속 장소에 다다라 이해를 구해야겠기에 뛰다시피 걷는 걸음이 더디기만 하다. 낙성대역이 가까울수록 압박은 더해간다. 어쩌다가 새벽형 남편까지 늦잠을 잤더란 말인가.

도대체 무엇이 문제였을까. 분명 일어나는 시간 따로, 집에서 나가는 시차를 두고 또 알람을 해놓고 잠들었다. 어쩌다가 남편까지 깊게 잠들었단 말인가. 꼭 누군가에 장난만 같다. 엎친 데 덮친다거나 설상가상이란 말처럼 하나로 그치지 않는다는 말이다. 3100번 버스를 강남에서 내려 2호선 갈아타고 다섯 개 정류장이면 약속장소에 다다른다. 그러나 버스에서 내려 무심하게 달린게 강남역 반대쪽으로 달린 게 문제였다. 도착한 전철역은 2호선과는 무관한 신논현역이었다. 나는 다시 올라가 강남역을 가자고 했지만 한고집하는 남편은 한 정류장 가서 다시 갈아타고 또다시 갈아타는 선택을 하고 만다. 아침부터 고집을 부릴 수도 없고 봄비까지 내리니 발걸음이 더디다. 이미 삼십 분이나 어겼다.

겨우 도착해 기다리던 버스와 반가운 얼굴을 대하니 고개를 들 수가 없다. 가장 젊은것들이 지각이라니, 숨도 가쁘고 면구스러워 고개를 들지 못하는데 **'인호니까 기다렸지 아니면 진작 두고 갔다'**라는 재종고모님 말씀은 질책이라기보다 차라리 진하게 묻어나는 사랑이다. 기다려주신 집안 어른들을 뵈니 더욱 송구한데 집안 대소가 영친회의 좌장이신 대구 종숙께서는 미리 서울까지 오셔서 합류를 하신 것에 절로 고개가 숙어진다. 그간 부지런한 남편 덕에 약속보다 삼십 분에서 한 시간 일찍 도착해 기다려온 저간의 행실을 아시기에 연유도 묻지 않으신다. 우리 부부를 보면 열심히 산다는 것만으로 칭찬 일색이셨다. 항렬이나 연령으로 봐도 막내를 면치 못하지만 받는 사랑의 무게는 저울질할 수 없을 만큼이다.

일생 교직에 계셨던 대구 종숙께서는 항일운동을 해 오신 집안 어른의 일대기를 F4 용지 앞뒷면 빼곡히 정리한 유인물을 준비해 오셨다. 가문의 긍지를 느끼고 무엇보다 뿌리를 잊지 말라는 종숙님의 뜻이리라. 가문의 우애를 중시해서 만들어진 영친회는 해를 거르지 않고 1박 2일 혹은 2박 3일의 일정으로 전국 유람을 해왔다. 그 세월이 벌써 19년째라고 하신다. 종종 사정의 여의치 못해 남편 혼자, 혹은 나 혼자 참석한 적도 있었지만 만나면 늘 조상님들 너른 품에 안긴 듯 푸근하다. 젊은 친구들이 참석하지 못하는 것은 아직 생활인의 책무가 발목을 잡는 까닭이리라. 남편은 그나마 자영업인 관계로 가능한 일이었다.

서울을 벗어난 버스가 달려, 예천에서 재당숙 한 분이 타시고 이십여 분 더 달려 남편의 고향 마을 어귀에 도착했다. 고향에서 타게 되실 종숙모님, 둘째시숙님, 대구에서 달려오신 종숙님 내외분도 계셨다. 모임 결성 이후 처음 함께하시게 된 둘째고모님은 따님을 앞장세워 오셨다. 친정이 지척인데도 띄엄띄엄 발걸음을 하시니 반가움이 늘 목마르다. 오랜만에 언니를 만난다고 얼싸안은 여동생은 물론 누이 얼굴 다 까먹겠다고 반갑게 맞으시는 사촌, 육촌 동기간들의 환영이 이어진다. 아쉬운 것은 일정 잡기가 쉽지 않았던 탓에 고향 형님 두 분이 화훼농장이 바빠 참석을 못하신 것이다. 계절별미 울진대개가 기다리는 울진을 향해 달린다. 울진대개에 김이 오르는 식당 앞에도 세 분이 기다리고 계셨다. 공주이씨, 공숙공파, 까마득한 그 아래 자손들 28명의 진정한 1박 2일 여정의 진정한 시작이다.

팔딱팔딱 뛰는 회와 대개의 살을 바르고 반주도 한 순배 돈다. 또 달리고 달러 망양휴게소에 내려 바닷바람을 맞는다. 둘 셋이 모여 혹은 단체 사진으로 추억을 갈무리한다. 송강 정철의 망양

정을 들러 잘 다듬어진 꽃동산에서도 바다를 배경으로 추억을 담는다. 숙소로 이동하며 들렀던 엑스포 장소는 테마 공원으로 관광명소가 되었다. 한곳을 더 들러 숙소를 가야 하는 일정이지만 워낙 이른 아침부터 움직인 탓에 무정차 백암온천으로 향했다. 삼삼오오 방 배정을 받고 저녁 식사를 하고, 잠시의 휴식을 거쳐 노래방 집결이다. 관광지 노래방인지라 42인승 버스 승객을 모두 풀어놔도 남을 것 같다. 89세 작은어머니, 83세 대구종숙어른, 늘 노래방 책자에서 노래 찾기를 도맡던 나는 젊은 시누님한테 밀려났다. 아드레날린이 용솟음친다.

이튿날 조식을 마치니 벌써 헤어질 걱정이다. 아까운 시간이 흐른다. 삼척의 싱싱한 횟집에서의 점심 식사가 끝나니 이별의 시간이 다가온다. 저마다의 아쉬운 시간이 빠르게 흐르니 오던 길 되돌아가는 길이 너무나 애틋해 누이들의 노래 한 자락을 더 듣고자 하시지만, 1박 2일은 짧기만 하다. 내게 쏟아지는 사랑, 늘 받기만 하는 사랑에 비해 특별하게 잘해드리는 것도 없는데, 오랜만에 뵌 고모님은 아예 얼굴까지 어루만지신다. 고모님들도, 종숙 재종숙 집안 어른들이 예뻐만 하시니 민망하기 그지없다. 그냥 빠지지 않고 참석하는 것에 방점을 둔 내리사랑이리라. 딱히 더 잘하지도 못하는데 넘치는 사랑을 받으니 말이다. 다시 고향에 다다라 고향 친지들 대구분들을 내려드리고 버스는 다시 서울로 달린다.

조금 이른 시간이기는 하지만 저녁을 해결하자고 휴게소를 들렀을 때 일이다. 갑자기 작은어머니께서 나를 건너다보시며 지난 이야기를 꺼내신다. '저 질부는 시집올 때보다 나이 들수록 더 이뻐진다'는 말씀에 다들 웃음이 터졌다. 결혼식에서 처음 보니 영 마음에 안 차시더란다. **'자(조카)는 그때만 해도 살도 제법 있고 인물이 훤한데 질부는 키도 좀 작고 입도 좀 비뚤어지는 게 영 아니더라.'**는 말씀이시다. 그러고 보니 결혼 후 손님들이 들이닥칠 때마다 남편은 내게 '웃지 마, 웃지 마' 하던 기억이 떠올랐다. 가수 양희은 씨처럼 나도 웃으면 입이 비뚤어졌던 모양인데 친정에선 아무도 내게 그런 얘기를 안 해주어 몰랐던 것이다. 아니 알았다고 해도 어떻게 해 볼 도리 없는 신체 약점이었다.

조금 젊은 나이였거나 가족이 아니었다면 속상할 일이었을까, 그러나 나는 아무렇지도 않았다. 작은어머니께서 일부러 민망하라고 하신 얘기가 아니었음을 안다. 외려 시간이 갈수록 진국이더라는 말씀은 아니었을까. 물론 점점 예뻐진다고 하신 말씀도 오랜 시간 보아와 익숙해진 탓이려니 할 뿐이다. 오래전에도 작은 사건이 하나 있었다. 새댁시절, 남편이 하는 일 때문에 셋방살이하는 처지에도 일찌감치 전화를 놓았다. 막 교환 전화가 사라진 즈음이었고 그나마도 동네에 두세 대 밖에 없던 시절이다. 안집 아주머니나 이웃집에서 가끔 전화를 빌리러 왔는데, 통화하고 나가면서 오십 원, 백 원짜리 동전을 두고 가려고 하면 손사래를 치곤 했었다.

그런 어느 날 이웃 아주머니가 전화를 걸고 나가다 말고 화장대 놓인 결혼사진을 보고 나가시며 '사진은 예쁘네.' 무심히 한마디 던지고 간다. 기분이 언짢다기보다 묘하게 그냥 웃음이 나왔다. 무심하게 했던 자신에 말이 누군가에게는 상처가 되리라는 생각은 못 했을 것이다. 설혹 그 말이 당연한 진실이었대도 말이다. 오래 지속되는 관계는 반드르르한 얼굴보다 진정성과 인간성이 아닐까. 간간이 내리던 어제의 봄비는 서울이 가까울수록 본격적으로 내리기 시작이다. 흠뻑 내리는 봄비처럼 오늘 내게 쏟아지는 사랑을 나는 기억할 것이다. 나도 누군가에게 넘치도록 쏟아 부으리라. 신은 내게서 얼굴을 가져간 대신 나를 낮추는 겸손을 주셨다. 또 다행히 내 비뚤어진 얼굴에도 두 아들은 멀끔한 청년으로 잘 자라주었다. 아이들과의 외출은 언제나 내 어깨에 힘이 들어가게 하니 말이다.

4부

아픈 봄날의 소묘

몇 년째 취업 준비생 아들을 둔 어미다. 이미 오래전부터 취업난이라는 것을 잘 알기에 더 치근댈 수도 없다. 행여 실업 기간이 길어지면서 취업 의지가 무뎌질까 봐 겁이 난다. 왜 내 아이에게 이런 시련을 주는 걸까 가슴이 답답하고 애가 마른다. 그러다 문득 다 필요 없고 건강하기만을 기도하던 지난날이 떠올랐다. 일곱 살 아들을 끌어안고 몇몇일 눈물이 마르지 않던 날들, 한 치 앞이 안 보이는 암울한 시간이 흘러 어느새 찬란한 신록이 우리 앞에 와 있었다.

작은아이가 막 일곱 살이 되던 그해 2월 어느 날, 미술학원 졸업식을 하고 귀가하던 노란 버스에서 하차해 차도를 건너던 중이었다. 집 앞까지 다 와서 당한 교통사고, 아이는 승용차 앞 범퍼의 허벅지가 닿는 사고를 당한 것이다. 아이가 돌아오길 기다리던 나는 놀라 뛰어나가고 아이는 이미 사고를 낸 운전자가 뒷좌석에 태우고 나를 기다리고 있었다. 울고 있는 아이를 보자 우선 크게 다친 것 같지 않아 안심하고 애를 달랬다. 그러나 병원에 도착해 애를 안고 병원 문을 들어서는데 안고 있는 아이의 오른쪽 다리가 힘없이 툭 떨어진다. 그만 하늘이 무너지고 눈앞이 캄캄해졌다. 놀란 남편이 병원으로 달려오고, 동기간과 지인들이 달려왔다.

아이는 몸의 이상 여부 확인을 하는 촬영 내내 울음을 멈추지 않았다. 내 어림이 맞아 정형외과 원장님으로부터 대퇴부 골절이라는 설명을 들어야 했다. 정말 교통사고에 대해 아무런 경험도 지식도 없던 우리는 '골절'이라는 말에 가슴이 철렁 내려앉았다. 이십 년도 훨씬 전이었으니 119도 없었고, 더구나 두꺼운 겨울옷 때문에 외상을 몰라 부목을 대야 하는 지도 몰랐다. 다급하게 병원으로 달려왔던 우리는 서로의 얼굴만 바라볼 뿐이었다. 남편과 지인들의 중지를 모아 그날 밤으로 인근의 큰 병원으로 아이를 옮겼다. 그날부터 나의 눈물과 우리 가족의 생이별이 시작이었다. 밤이 되어서야 큰 병원 담당의를 만나고 최소 12주의 단순골절로 진단 내렸다. 다행히 조각은 나지 않아 그나마 수술 없이도 치료할 수 있다는 희망적인 설명이다.

치료 과정은 골절 부위의 뼈를 잘 맞추고 깁스를 하는 것으로 가닥을 잡았다. 일주일간 오른쪽 다리 끝에 추를 매달아 어긋난 뼈가 자리를 잡도록 기다리는 것이었지만 생각처럼 되지 않았다.

차선책을 찾아 담당의는 모니터를 보며 골절 부위를 맞추는 방법을 택하기로 했다. 깁스를 하는 날 진료실에서 들리던 아이의 찢어질 듯한 울음소리는 어미 간장을 녹였다. 보통 깁스를 하면 일자 다리를 하고 깁스를 풀 때까지 목발을 짚는 것이 일반적인데, 한참을 지나 진료실을 나온 아이는 기이한 형태로 환자 카트에 실려 나왔다. 아이는 어긋난 뼈를 맞추느라 오른쪽 무릎을 45도 정도 구부리고 거기다 발끝은 바깥쪽으로 향한 이상한 형태로 깁스를 해야 했다. 편치 않은 자세를 고정하는 방법으로 허벅지와 발목 부위를 부목으로 연결시킨 생전 처음 보는 광경이었다.

제대로 눕힐 수도 앉힐 수도 없는 어정쩡한 모습, 모르긴 해도 모니터를 보며 골절 부위의 어긋난 뼈를 맞춘다고 아이의 무릎을 중심으로 발을 비틀었을 것이다. 진료실에서 고통스럽게 들리던 아이의 울음을 이해할 것 같다. 어린 내 아이가 왜 이런 고통을 겪어야 하는 건지. 내가 아이를 미술학원에 보내지 않았더라면 하는 자책과 다친 아이를 무심하게 안고 옮긴 가해 운전자도, 어미인 나도 대처를 제대로 못 한 탓만 같다. 비정상적인 깁스 형태로 눕는 것도, 앉는 것도 자유롭지 못했지만, 담당의는 차트를 보며 양쪽 뼈끝을 겹치게 이은 것은 뼈가 붙는 과정에서 위아래 마주 붙어 나오면 온전하게 될 것을 계산한 것이니 염려하시 마란다. 의학적 지식이 없던 우리는 담당의 말을 무조건 신봉해야 했다.

한창 뛰어다녀도 모자랄 어린것이 병원 생활을 하려니 안타깝기 그지없었다. 하루빨리 걸어서 집으로 돌아갈 날을 꿈꾸었기에 견딜 수 있었으리라. 보채던 아이는 시간이 오래 흘러야 한다는 지속적인 설명에 수긍하고 잘 적응해 갔다. 불편한 자세도 차츰 방법을 고안해 깁스한 오른쪽 다리를 침상 아래로 내리는 방법으로 눕거나 잠사세 하고, 앉은 자세를 취할 때도 식판을 세워 상체를 의지하고 등에는 두툼한 이불을 덧대주고 오른쪽 다리를 걸터앉는 것처럼 침상 아래로 내려 불편함을 최소화했다. 아이의 그 긴 병상 생활을 로봇 놀이, 책 읽기, 그도 심드렁하면 오목으로 시간을 보냈다. 새치름한 꽃샘추위가 사라질 즈음 아이를 휠체어를 태우고 병원 주위를 수없이 배회하며 길고 지루한 병상의 숨구멍을 틔워주었다.

나를 힘들게 하는 또 다른 요인은 다른 데 있었다. 집에 남겨진 남편과 큰아이, 무엇보다 엄마 손을 필요로 하는 아홉 살 큰아이에게는 너무나 미안할 일이었다. 또 어린 것을 보시려고 병원을 찾아오시는 친척들과 지인들이었다. 생전 처음 보는 깁스 형태를 보시고는 진심으로 깊은 우려를 나타내고 담당의 치료 방법을 신뢰하려 들지 않았다. 뒤틀어놓은 다리가 깁스를 풀었을 때 반듯하게 돌아올까 하는 의구심이 무엇보다 컸다. 나는 담당의를 100% 믿고 정상적인 모습으로 돌아오리라고 확신했지만 측은한 듯 바라보는 시선을 느낄 때마다 가슴이 철렁했다. 아이는 일정 주기로 X선 촬영을 통해 뼈가 붙는 것을 확인하며 집에 갈 날을 손꼽아 기다렸다. 그리고 진단 12주 차를 지나 깁스를 풀던 날, 뒤

틀린 다리가 반듯하게 왼쪽 다리에 나란히 붙었을 때의 그 감동이라니.

온종일 너무 기뻐서 병원에서 만나는 사람들을 붙잡고 감사 인사를 했다. 긴 병원 생활을 지켜보았던 모두가 내 일처럼 기뻐해 주었다. 하지만 깁스를 풀었다고 바로 걸을 수는 없었다. 다행히 내 아이의 둔화는 심하지 않았다. 재활 없이 일주일쯤 지켜보다가 바로 퇴원을 하고 온 가족이 비로소 하나가 되었다. 네 식구가 병원으로 또 집안에 남겨져 불편하기 이를 데 없는 긴 시간을 보내고 나니, 그사이 봄은 깊숙하게 와 있었다. 온전하게 어서 낫기를 바라는 어미 마음을 아는지 온종일 불편한 다리로 형을 따라 장난도 치고 축구도 했다. 장애 판정을 받으러 갔던 대형병원에서 다친 다리가 4.5센티나 짧다는 판정에 기절할 듯 놀라 **"우리 아이 군에는 갈 수는 있나요?"** 묻던 내게, **"얼마든지요."** 하시던 박사님 말씀대로, 아이는 초·중·고 대학까지 축구를 하고, 계주를 뛰고, 군대도 다녀와 건강함을 입증해 주었다.

사고는 물론 일어나지 않았다면 좋았다. 그러나 사고는 났고 우리 가족은 이겨냈다. 지나고 보니 전적으로 내 탓만은 아니었다. 노랑 버스가 원생에 대한 의무 불이행으로 비롯된 고동의 시간이었다. 내 탓만 같아 괴롭고 아팠던 봄날이 지나니 녹음으로 눈이 부셨다.

육 자 단상

세월은 어느새 내 턱밑까지 차올랐다. 마치 가속이 붙은 경주마 같다. 제대로 된 아내 노릇도 변변히 못 하더니 세월은 또 직격탄을 맞았다. 거울 속에 내 모습이다. 약골이라기보다 강단이 없어 늘 곤곤한 편이다. 암묵처럼 새벽밥에서 놓인 지도 십여 년이다. 두 아이 대학 진학 이후였는데, 아이러니하게도 무서운 갱년기증상으로 수면장애로 얻어진 행운이었다.

따끈따끈한 새벽밥 짓는 일에서 반쯤 놓여났다. 반쯤이라는 단어는 왠지 내게 보너스처럼 다가왔기 때문이다. 애초에 타고나길 허약체질이라서 부지런한 남편의 생체리듬을 따라가지 못했다. 두 아이의 중고등시절은 0교시가 있었는데 새벽밥 짓는 일이 내겐 큰 어려움이었다. 다른 엄마들 다 하는 일을 힘겨워할 만큼 저질 체력이었다. 마침내 두 아이 고교 생활의 마침표, 대학 진학은 그래서 더 대견한 일이었다. 새벽밥 해방이 가족들 아침밥에서 놓여난 것은 아니다. 인공지능 전기밥솥으로 예약 설정을 하고, 국이나 찌개를 미리 준비할 만큼 우리 가족들은 순 한국식 토종이었다. 가족을 위해 헌신한 가장의 30년 세월, 무뚝뚝하기로 소문난 경상도 남자라 해도 여권신장 바람은 비껴가지 않아 조금은 부드러워진 내 남자가 새삼 고맙다.

타고나길 부지런한 남편에게 골골하는 마누라가 성에 찰리가 없다. 태생이 그러하니 계절이 바뀌는 환절기나 무리한 일을 좀 할라치면 여지없이 몸살을 앓아댔다. 그렇게 삼십 년이 넘는 세월을 살아왔다. 순 경상도식 무뚝뚝함을 무기처럼 장착한 남편은 외부인들에게는 또 갈데없이 좋은 사람이다. 평생 바뀌지 않을 것 같던 그 남자도 머리가 희끗희끗해지고 얼굴에 골이 파이니 측은지심을 불러온다. 그런 그가 앞서 고백한 것처럼 준비해놓은 아침을 혼자 해결하는 것도 웬 복인가 싶게 고맙다. 물론 처음부터 이렇게 당당했던 것은 아니다. 갱년기 이후 무력감으로 찾아온 우울증과 쉽게 잠들지 못하는 지독한 불면증이 더해져 상황이 더욱 나빠졌기 때문이다. 가부장적인 요소까지 모두 바뀐 것은 아니래도 어쩐지 내겐 인생 끝에 만난 로또만 같다.

인생 나이 육 자에 이른 것은 절대 유쾌하지 않다. 외려 안타까운 비감에 젖기 일쑤다. 사십 중년을 넘어서면서 건보공단에서 일러주는 대로 꼬박꼬박 짝수, 홀수에 맞춰 건강검진을 해왔다. 나이에 따라 점점 여성 암에서도 자유로울 수 없다. 검사 종목이 하나둘 늘어가면서 위험 요인과 가까워진다는 현실이 비감의 시초였을까. 검진도 검진이지만 이후 결과지를 손에 쥘 때까지의 기다림과 초조함이라니. 지난해 말 오십 대의 마지막 건강검진을 했다. 빈혈이야 수십 년 있었지만, 고혈압 수치가 예년과 좀 다르게 나와 이제 성말 늙는구나, 싶더니 결과지가 도착하기도 전에 난데없이 부인과 재검을 하라는 통보다. 뒤이은 결과지에도 양쪽 가슴에 '좌상외측으로 무리 진 미세석회화'가 관찰되었다고 정밀검사를 하란다.

물론 '석회' 진단은 처음이 아니다. 그럼에도 국소 확대 촬영 운운하며 추가 검사를 필요로 한다니, 덜컥 육 자라는 나이가 서글퍼진다. 초음파확인을 위해 갔던 큰 병원에서 말로만 듣던 암표지자 검사도 했다. 이후 열흘쯤 지나 혈액암표지자 검사 결과를 받아보았다. 간암, 대장암, 직장암을 비롯한 여섯 개 항목이 모두 정상 수치로 나와 안심해도 될 상황이다. 그사이 가슴 초음파검사 결과가 나왔다. 결과는 석회도 석회지만 작은 혹들이 두세 개 보인다고 조직검사를 제시했고 재검을 예약한 상태다. 그러나 다행히 암표지자 검사의 CA15-3 유방암 수치가 위험 수치의 삼분의 일도 되지 않는 6.26으로 나와 조직 검사 결과 걱정도 놓았다. 그러나 울컥해지는 마음은 어쩔 수 없다. 늙어 감을 이런 식으로 확인하고 싶지는 않았는데 말이다.

거기다 훔씬 나이 든 아낙을 거울로 마주 보는 일상은 또 어떤

가. 매일 아침 초로에 아낙을 마주하는 민얼굴이 나를 슬프게 한다. 하긴, 다들 활짝 핀다는 한창때도 혈색도 생기도 남들과는 달랐다. 쉽게 지치고 늘 피곤해하는 전형적인 허약체질이었다. 어찌어찌 결혼도 했고 기적처럼 아이도 둘이나 얻었다. 그러니 피부가 탄력 좀 잃어간대도 새치와 주름이 늘어간대도 아쉬울 것도 서러울 것도 없다. 지금 내 곁에는 같이 늙어가는 남편이 있고 예쁜 짝을 만나 저마다의 삶을 살게 될 장성한 두 아들이 있으니 나이 듦이 전혀 서럽지 않다. 거기다 채 다 읽지도 못할 만큼의 책 속에 묻혀 살고 있으니 그 또한 꿈같은 현실 아닌가. 작은 꿈을 이뤄 수필가라는 이름으로 글을 쓰고 있으니 지금 여기가 종착역이라 해도 나는 억울할 것도 서러울 것도 없지 않은가.

멋진 작가가 되고 싶다는 소설 같은 꿈, 뒤늦게 참스승을 만나 수필의 참맛을 알아가는 중이다. 등단 8년 만에 졸작들을 모아 수필집을 출간하고, 문인 삼락의 행운이 따라주어 과분한 기쁨도 맛보았다. 주위에 나보다 못한 사람이 어디 있으며 또 누가 나만 못 하리오. 조바심을 버리니 마음 또한 편타. 뒤늦게 철이 드는가 보다. 가끔 아무도 몰라주는 이 길에 서 있는 내가 가끔 견딜 수 없어 시작한 만학, 국문학을 전공해 자기 계발, 자기 발전을 꾀해보리라, 늦은 학업을 도모했다. 그러나 어느새 나는 학점 채우기에 급급해 초심을 잃어가고 있었다. 그래도 단 하나, 졸업논문을 꼭 써보고 싶다는 강한 욕구는 학생이라는 본분을 망각하지 않으려는 일말의 자존심이었다. 아무도 몰라주는 작업을 한다는 고

독은 또 다른 꿍꿍이를 모색한다. **'스스로 드러내는 자는 밝지 않다.'**라는 명언을 가슴에 새기며,

갱년기 무력감으로 남편과의 아침 식사는 꿈도 못 꾸었지만, 근간에 들어 아침 식탁에 종종 남편과 마주 앉는다. 나름의 변화다. 물 흐르듯 지나간 육십 년 세월은 그냥 스쳐 지나간 것이 아니었으며 차곡차곡 내공이 쌓였던가 보다. 육 자란 또 그리 서글퍼할 일도 아니었다. 세월은 무심히 흐를 뿐이었으며 나는 세월 바람에 떠밀린 작은 일엽편주였다. 육 자의 한 여인은 아름다운 향기를 품고 단단하게 여물어가고 싶다. 작은 바람이 여지없이 부풀어 간다.

다시 만난 면암

나는 언제인가부터 그 어른과 같은 고향이라는 자부심이 자리하고 있었다. 수년 전 지인이 건네주신 '면암 선생 편지집 번역본'을 만나면서 갖게 된 경외심으로부터 시작된 일이다. 보잘것없는 나 자신이 면암의 영혼이 깃든 고장에 태를 묻었다는 것은 만분의 일이라도 그분의 얼을 이어받을 수 있으려나 기대감도 없지 않다.

저 유명한 독일의 작가 괴테는 **'인간은 현재라는 가치의 중요성을 모른다. 막연하게 보다 나은 미래를 상상하거나 헛된 과거의 집착하고 있기 때문이다.'**는 말로 현실에 더욱 집중하고 살라 말한다. 온고지신(溫故知新)이라 하지 않던가. 과거가 없는 현재는 있을 수 없다. 옛것을 익히고 새것을 앎이요, 역사와 전통이 바탕이 된 후에 새로운 지식이 습득되어야 한다는 뜻이리라. 급격한 발전으로 현대 문명을 추구하며 살아오던 사람들은 갑자기 느림의 삶을 살아보겠다고 슬로시티를 주창해, 문명을 다 버리고 산 속에 들어가 과거로의 회귀를 꿈꾼다. 가진 것을 놓는다는 일은 얼마나 어려운 일일까. 가진 것이 많거나 혹은 적거나 그것을 버려야 하는 것에 엄청난 용기가 필요하리라. 하물며 단 하나의 목숨이라면 지켜내기 위한 몸부림은 너 거세어질 수밖에 없지 않을까.

세기말의 조선은 최대 위기를 맞았다. 열강들의 침략에 맞서 싸우기보다 당쟁과 당파, 기득권의 안일함은 긴 일제 치하를 맞게 했다. 하나가 되어 싸워도 모자랄 판국에 다른 목소리를 내고 양분되었으니, 고요한 아침의 나라 우리는 전투력을 상실한 나약한 국가가 분명했다. 급기야 치욕적인 을사늑약을 체결하고 곤룡포를 벗은 군왕은 전국에 단발령을 내리고 점차 일본의 식민화가 되어갔다. 분개한 민초들은 봉기했고 그 중심에 있던 인물이 면암 선생이시다. 일세기가 넘는 시공간을 초월한 시차를 두고 같은 흙을 밟고 같은 산야를 바라보았을 상상만으로도 가슴이 뛴다. 같은 시기에 남자로 태어났더라면 나도 선생과 같은 길을 걸을 수 있었을까. 울컥 가슴이 뛰기 시작한다.

앞서간 선인에게는 공과가 따른다. 단 하나의 목숨을 초개와 같이 버리신 선생의 기개를 뉘라서 함부로 말할 수 있을까. 그러나 지나온 세월을 두고 역사가는 조선의 마지막 선비요, 우국충정의 상징인 그에게도 남다른 시선으로 이중적 잣대를 들이댄다. 좀 더 일찍 나라를 개방하고 발전된 나라의 신문물을 받아들였어야 한다는 주장이다. 선생의 충정과 끝없는 직언과 상소로서 대원군에 쇄국정책을 옹호했다는 이유로 과를 더 부각시킨다. 같은 민중이요 백성이지만, 선생에 행보를 발전의 저해 요인이라고 폄훼한다. 급진적인 발전을 바라는 이였으리라. 그러나 점진적이든 급진적이든 우리글 우리말을 쓰지 못하고 나라를 잃은 다음에야 발전이 무슨 소용이랴.

면암의 고향, 포천에서 산다는 자부심은 인생 전반기를 다 보낸 중년이 되면서였다. 포천의 인물이 어디 면암뿐이던가, 어릴 적 뜻도 모르고 달달 외우던 **'태산이 높다 하되 하늘 아래 뫼이로다.'** 이 시조는 조선 4대 문장가 중 한 분인 봉래 양사언의 시조다. 그분의 후손들은 훌륭한 조상의 음덕을 기리며 아직 포천 일대에 살고 계신다. 또 조선 중기의 대표적 우정의 상징, 오성 대감 '백사 이항복' 역시나 이 지역 인물이시다. 교과서 속에 삽화를 곁들인 오성 대감의 어린 시절은 동화인양 재미가 있었다. 이웃 대장장이 집에 무시로 드나들던 볼 빨간 개구쟁이 시절, 대감댁 창호지 문에 주먹을 들이대는 양반댁 도련님 일화는 떠올리기만 해도 미소가 번진다.

내가 나고 자란 지역 인물에 지니는 경외감은 너무나 당연하다. 내 고장의 자랑이요 자부심이다. 특히 수년 전 면암의 개인 성품을 알게 해준 편지집을 지인께 건네받고부터 선생에 대해 재조명하게 되었다. 목숨도 아깝지 않은 애국 애민, 우국충정의 상징, 그러나 나는 왠지 그분의 인간적인 면에 더 마음이 갔다. 아들로서 남편으로서 그가 유배지에서 부모님께 드리는 편지에는 자식으로서 남편의 역할을 다하지 못함을 담고 있어 더 절절하다. 안질로 고생하시는 부친께 드리는 문인이며 가솔들의 인부를 묻는 것만으로도 인간적인 면이 도드라져 감동을 주었다. 병약한 아내에게 익모초를 달여 먹어보라는 구절은 매양 곁에 있지 못하는 가장의 마음이 행간을 메운 세필 속에 녹아든다. 은근한 사랑이 더 멋스럽다.

그렇게 한 걸음 더 다가가고 싶다는 마음으로 검색하다 발견한 단어 오류, **'면암집 따위가 있다.'**는 가당치 않은 저속한 표현에 없는 용기를 끌어내어 수정 요구도 해 보았다. 그 사연은 졸저 『비타민이 열리는 나무』 속에 소제목 「따위라니」에 담겨있다. 내가 할 수 있는 만큼, 성의껏 이의를 제기했음에도 공허하게 시간만 무심히 흘렀다. 내 아무리 보잘것없이 태어나고 하찮다 해도 그 어른의 고결하신 인품에 반하는 단어선정에 표출되었던 작은 용기는 그렇게 무참히 스러져갔다. 일개 소시민이 무슨 힘이 있을까, 그럼에도 **'잘 접수되었습니다. 적법한 심사를 거쳐 진행될 것입니다.'**라는 담당자의 답신에 뛸 듯이 기뻤고 잠시 희망을 품었다. 그러나 희망은 무참히 깨어졌다. **'심사 결과 적합하게 쓰였다는 결론입니다.'**라는 의례적인 대답이라도 그들은 내게 알릴 의무가 있지 않았을까.

간혹 그 이후 상황에 대해 궁금하거나 지속적인 수정 요구를 해야 했다는 지인을 만나면 잊고 있던 상처가 들춰져서 공연히 초라해졌다. 그 한 번의 미력한 제스처만으로 나는 나름의 자기만족을 했었던 걸까, 어쩌면 이 일에 대해 다시 언급하지 않은 것은 무기력한 나 자신을 확인하고 싶지 않아서이리라. 대답 없는 메아리는 섣부른 몸짓에 귀결이었다. 그 추억을 간직한 채 수년이 흐르고 작년 가을 '면암숭모사업회'의 세부 사업으로 '추모낭송회'를 하니 참여해 달라는 권고를 해왔다. 기일에 맞춰 치르던 소박한 추모식을 확대해 추모 낭송과 학술 세미나, 학생들의 참여를 유도하는 '면암 바로 알기 OX 퀴즈'까지 다양한 추모 주간을 기획한 것이다. 그 첫 행사가 '추모낭송회'였다. 그동안 선생의 유배지마다 선생을 추앙하는 추모 사업은 많았지만 부끄럽게도 정작 선생의 고향에서는 미미하기 그지없었다.

추모 시를 준비하면서 경건한 마음으로 최선을 다하고 싶었으나 작업은 더디기만 했다. 시일이 바짝바짝 다가오는데 진척이 없다. 결국 중앙대 이승하 교수의 『마지막 선비 최익현』을 일독하고 나서야 겨우 부족하나마 마음을 담은 추모 졸시를 완성했다. 그리고 낭송회가 다가왔다. 행사장은 붉은 휘장이며 지역의 한학자께서 쓰신 알 수 없는 많은 추모 문구가 엄숙한 분위기를 자아냈다. 초대된 손님들이 속속 들어서니 긴장이 극에 달한다. 숭모사업회 회장님이 면암의 우국충정 어린 일대기와 업적, 추모 낭송을 기획한 설명이 간략하게 이어진다. 백발의 노구인 후손 대표께서 무대에 올라 추모 사업 확장에 대해 감사 인사를 하시니 가슴에 잔물결이 인다. 한 시간 남짓한 추모 낭송회가 끝났다. 그 시간, 우리는 모두 면암과 함께였으며 면암과 한마음이었다. 가슴이 시리다.

◆ 면암을 기리며 (2017. 10. 면암추모낭송회)

조선 마지막 선비요 / 마지막 충신 / 면암, / 임께서 지켜내신 이 땅 위에 / 당신을 기리기 위해 우리는 이곳에 왔습니다 //

당신의 나라 사랑 / 충언과 상소 또 상소 / 제주도 흑산도 / 위리안치 유배생활 / 단 하나의 목숨조차 초개와 같이 버리시는 / 당신의 충정을 저희는 배웠습니다 //

대원군과 싸우고 / 민비와 싸우고 / 고종과 싸우고 / 그렇게 한평생을 싸웠지 //

일본과 싸우고 / 서구 열강과 싸우고 / 붓끝으로 싸우다 / 도저히 안 되니까 의병을 일으켰지 / 초장에 질 줄 뻔히 알면서도 / 그 방법밖에 없다는 이유로 //

임께서 지나온 발자취 / 불타오르는 민족혼 / 올곧은 민족의 지표를 / 몸소 보여주시더니 //

일흔넷 노구로 / 종당엔 / 적의 땅 대마도에서 / 그렇게 영어의 몸이 되시었습니다 //

적국의 음식은 모두 싫다 / 노기 띤 음성을 뒤로하고 / 아, / 당신은 허망하게도 우리 곁을 떠나셨습니다 //

하늘도 울고 / 산천초목도 울고 / 만백성이 모두 울던 / 병오년 동짓달 열이레 그날에 //

전설이 된 전설

'어라 정말 모른단 말이야?' 나의 전설을 모른다는 작은애 말이 왜 그런지 서운하게 들린다. 작은애와의 30년 시차를 몸으로 체득하는 순간이다. 요즘 노래만 듣는 아이가 아님을 잘 알기에 더 서운했는지 모른다. 새파란 이 아이에게 내가 뭘 기대했던 걸까, 실상은 그리 속 탈 일도 아니건만 공연히 그랬다. 어미의 들뜬 목소리가 마음에 걸렸는지 아이가 자세를 고쳐 '대동여지도 김정호요?' 반문을 하니 어이없어 그만 웃음이 터지고 만다.

나의 전설 '김정호'는 이제 전설 속에나 남아있다는 것일까. 잠시 잊고 살아왔던 옛사랑을 만난 듯 들떠있던 내게 평정심을 일깨워 준다. 주위가 다 아는 불면증을 앓고 있는 나는 이즈음 취미가 다양해졌다. 불면증에 도움이 된다는 대추차, 카밀러, 페퍼민트 허브티를 마시고, 잡념을 떨치고 생각의 고리를 끊는 데 도움이 되리라고 와인도 한 모금씩 마셔봤지만 별 도움이 되지 못했다. 잠을 부르는 습관으로 머리맡에 책을 두고 잠이 올 때까지 보기도 하고 유명한 스님의 법문을 차례로 듣다가 그도 시들해져 지난 추억이 깃든 음악을 차례로 찾아 듣게 되었다.

그렇게 나는 뇌리에서 퍽 오래도록 떠나있던 그를 만나고 다시 가슴이 뛰었다. 아슴아슴 옛 추억들을 기억에서 꺼내 뒤척이다 쉬 잠들기를 포기하고 아예 음악에 젖기를 거부하지 않았다. 아주 오래전 가슴이 저리도록 그의 노래가 좋았던 시절, 오라비도 동생도 모두 이 전설을 퍽 좋아했었지. 하루, 한 시도 그의 음악에서 떠난 적이 있었던가. 머리를 기르고 청바지를 좋아하고 그가 만든 리듬에 따라 그의 감성의 젖어 노래를 불러 대었던 둘은 다른 청년들처럼 통기타를 배우기 시작했다. 통기타 입문 교본을 앞에 놓고 손가락 끝에 핏발이 서도록 연습을 했을 것이다. 기타를 울러 메고 한껏 폼도 잡아 보았을 그 시절의 청춘들, 그들은 이제 중장년이 되어 세상에 없는 김정호를 그리워한다.

누구나 한때 파릇한 꿈과 희망 낭만을 이야기하는 청춘 시절이 있었다. 그러나 푸른 청춘의 맥은 한때의 도약을 위해 젊음과 열정을 모두 소진하고 노을빛 들녘을 바라보는 중년이 되는 것이다. 그 바쁜 여정을 함께 했던 젊은 날, 우리 곁에는 언제나 그가 있었다. **'하얀 나비'**로 **'이름 모를 소녀'**가 되어 또 **'작은 새'** 한 마리가 되어 그렇게 우리와 늘 함께였다. 그의 순한 노래 한두 곡쯤 18번 지정곡으로 갈무리해두지 않은 이 있었을까. 회식 자리에서 노래방에서 한 번씩 눈을 감고 추억에도 젖어 보았을 테지. 그의 애끓는 목소리에서 흘러나오는 노래에 취해, 그에 짧은 인생에 취해, 알싸한 술에 취해 울어도 보았으리라.

숨이 끊일 듯 이어지는 故 김정호 특유의 음색은 너무도 절절해서 흐느끼듯 사람의 심금을 울리고야 만다. 무슨 한이 저토록 깊어 저런 외로움을 자아내는 걸까. 어떤 시름 어떤 아픔이 있으면 저토록 한의 목소리가 되었을까. 1973년 데뷔부터 1985년 11월 서른셋 짧은 생을 마감하기까지 그의 삶은 가난과 병마와 싸워야 했다지. 그로 인해 서른셋 아까운 나이에 쓸쓸한 죽음을 맞기까지, 그는 자신의 곡을 직접 만들어 부른 최고의 뮤지션이고, 다른 가수에게도 곡을 줄 정도의 뛰어난 실력을 갖춘 천재 음악가였다. 그런 그는 왜 그리 일찍 우리 곁을 떠나야만 했을까. 하고 많은 수식어는 다 그만두고 우리는 언제까지나 '요절한 천재 가수'라고만 추억할 뿐이다.

그에게는 수많은 히트곡이 있지만, 그는 자신의 노래만 부른 것은 아니다. 많은 가수에게 곡을 만들어 주기도 했지만, 그도 다른 이의 노래를 리메이크하기도 했다. 그가 부르는 흘러간 노래 '꿈속의 사랑' '달맞이꽃'도 좋지만, 특히 그의 음성으로 듣는 '사의 찬미'는 정말 최고의 압권이다. 그의 목소리에서 뿜어져 나오는 한의 목소리는 듣는 이의 가슴을 사정없이 헤집어 놓는다. 원곡 음반의 주인인 윤심덕의 사의 찬미는 초기 음반 기술 상태가 좋지 않았음에도 윤심덕과 애인 김우진과의 현해탄 사연으로 대단한 반향을 일으켰다고 들었다. 그러나 나의 전설, 김정호의 음성으로 듣는 사의 찬미의 **'돈도 명예도 사랑도 다 싫다.'**는 노랫말처럼 그의 짧은 생과 아픔이 그대로 녹아들어 우리의 영혼까지 사정없이 두들겨댄다.

그의 끊일 듯 이어지는 마지막 노래가 있다. 그가 우리 곁을 떠나기 전, 그를 담당한 의사는 좀 더 오래 버티려면 다시는 노래하지 말기를 권유했다지만, 그는 마지막 곡을 위해 혼신을 다해 녹음을 했다고 한다. 얼마나 힘겨운 작업이었으면 몇 번이나 부분부분을 나눠 녹음을 했고 그렇게 남긴 곡이 '님'이었으며 유작이 되었다. 유난히 우리 가락을 닮아 처연하게 들리는 '님'을 듣노라면 그 뒷얘기가 떠올라 울컥 눈물이 솟구친다. **'간다~ 간다~ 정든 임 떠나간다. 간다~ 간다아~ 나를 두고 정든 임 떠나간다. 임의 손목 꼭 붙들고 애원을 해도, 임의 가슴 부여잡고 울어~ 울어도~ 뿌리치고 떠나가더라 속절없이~'** 피를 토할 듯한 그의 목소리에는 그의 핏빛 인생이 보이고, 허무하고 외로운 삶의 천형과 같은 병마가 보여 더 서럽다.

'정든 임이 떠나간다.~'는 노랫말은 그의 마지막 인사가 되었다. 노래를 검색하다 알게 된 가족사는 역시나 외조부는 당대에 내로라하는 소리꾼이요, 소리 선생이었단다. 어머니 또한 소리꾼 길을 걸었으니, 일찍이 두각을 나타내는 아들을 달갑지 않았으리

라. 그러나 천재적 소양이 어디 가겠는가, 결국 피를 속일 수 없는 그는 한의 소리가 절절하게 배인 음악인이 되었다. 그런 천재뮤지션은 왜 한낱 폐결핵으로 아까운 생을 마감해야 했을까. 가난과 병마를 훈장처럼 가슴에 품고 생이 다할 때까지 노래만 하던 서른셋 청년은, 그의 푸른 기운이 채 가시기도 전에 그렇게 떠났다. 11월 스산한 초겨울 속에 안타깝게 그가 서 있다.

'너 어렸을 때 보던 둘리 만화 있지, 거기 마이클이 부르던 노래 간다~ 간다~' 그것도 전설의 노래라면 이해가 되니, 그럼 그 작가도 김정호의 팬이었다는 반증이지.'

작은애한테 확실히 인지시켜주고 전설에 대해 더 알려주고 싶어 찾다가 나는 재미있는 댓글 하나를 발견했다. **'밥 딜런이 노벨문학상을 탔다는데 우리 정호 형님도 진즉에 노벨상 타야 하는 것 아닌가요.**'라는 댓글이다. 분명 댓글을 남긴 이는 그의 음악에 빠진 열렬한 추종자가 분명하리라. 그렇다면 그의 음악은, 노랫말이 더 가슴에 와닿았을까 아니면 리듬이 더 우리의 가슴을 적셨던 걸까. **三位一體**, 분명한 건 그의 설설한 음색이 더했기에 감동도 배가 되지 않았을까. 별이 된 전설은 그렇게 우리들 가슴에 영원히 살아 숨 쉬리라.

내 친구 순희 그리고 어머니

지난해 그악스러운 무더위가 끝날 즈음 걸려온 친구 전화에 잠시 울컥했다. 이맘때면 이유 없이 기력을 잃고 힘들어하는 약골 친구를 위해 안부를 물어주는 친구다. 딱히 병명이 있는 것도 아니요, 무병처럼 계절병을 앓는 친구를 기억해주는 그녀가 새삼 고맙고 눈물겹지 않은가. 태어나면서 시작된 인연, '내가 먼저 태어났는데 네가 왜 내 할머니야' 자라는 내내 투덜대지만 '뱃속 아재'라는 말처럼 집성촌에서 항렬 높게 태어나 그리된 걸 난들 어쩌랴.

더위가 사그라질 즈음이니 기온 탓도 아닐 것이다. 그저 해마다 반복되는 연례행사인지라 '애 낳은 달이라서'라는 말로 치부하고 만다. 태어나길 약골로 태어나서인지 끊임없는 몸살 두통을 달고 살았다. 영양 상태 때문이라기보다 부모님 늦은 나이에 본 늦둥이의 응석이었던가, 툭하면 드러눕기 일쑤였다. 결혼한 지 서른

해가 훌쩍 넘었으니 친정 피붙이들도 다 잊어가는 연례행사요, 삼십 수년을 함께 살아온 중년 사내도 나의 분신들도 허투루 지나치는 계절병을 신기하게 그 친구는 기억한다. ‘대덕행 순희’는 내 전화기 안에 저장 명칭이다. 그녀는 가진 것을 나눌 줄 아는 사람이다. 덕을 잘 베푸는 어머니를 닮아서일까, 언제나 주위 사람에게 나누고 퍼주기를 좋아한다. 너른 가슴에 넘치는 사랑, 일곱 남매 중 가장 어머니를 많이 닮은 그녀가 바로 내 친구 순희다.

어릴 적 기억에 그의 어머니 안 조카님은 유독 정이 깊은 분이셨다. 동구 밖 신작로, 동네 소로, 그 어디서 만나든 환하게 반기신다. 막걸리를 퍽 좋아하셨던 바깥 조카님과는 금슬도 좋아 칠 남매를 두셨다. 그 칠 남매는 이웃들을 통해 소문이 날 정도로 우애가 좋았다. 아이들이 다투는 작은 소리도 울 밖으로 나지 않는다고 자자했다. 두 분은 작은 장애가 있었지만, 과수원이며 농사일을 무리 없이 해내셨다. 또 유난히 머리가 좋았던 자녀들에게 일찌감치 서울 유학길을 열어주어 대한민국 최고대학을 보내 박사로 키워내고 사업가를 길러내셨다. 주 수입원인 과수원은 소득은 많지만, 손이 많이 가는 작물이다. 하얀 소금을 뿌려놓은 듯 탐스러운 이화의 계절이면 친구는 막 맺기 시작한 꽃배 솎음을 시작으로 한 해 농사일을 시작했다. 나 또한 연로하신 부모님, 군에 간 오라비를 대신 한 처녀 농군 시절이어서 서로를 의지하며 붙어 다녔다.

삼태기 같은 응골 산자락, 그 아래 작은 고향 마을은 순박하고 정 많은 일가붙이의 집성촌이다. 우리 부모님은 한국전쟁 전까지 38도 선에 걸친 마을에 살고 계셨다. 해방 후 양쪽 진영의 다른 이념을 추종하던 세력들은 삼팔선을 경계로 갈라져 있었다. 아버지께 간간이 들은 바로는 낮에는 일상생활을 하다가도 밤만 되면 이념 분쟁이 심화되어 지속적인 다툼이 반복되었단다. 한국전쟁이 아니었다면 어쩌면 부모님도 또 우리도 아직 그곳에 살고 있을지도 모르겠다. 어찌 됐든 동란은 터졌고 서로에게 상처를 남긴 삼 년의 긴 전쟁이 끝났다. 선친께서는 피폐해진 가솔을 이끌고 피난을 택하셨다. 불과 백 리 안팎이지만 명절과 시월 시제 참석을 위해 종종 다녀오시던 집성촌을 찾아 다시 뿌리를 내리셨다. 그렇게 일가 촌이 나의 출생지가 되고 우리 가족의 새 삶터가 되었다.

휴전이 되었지만 미처 농지를 옮겨 올 수 없었던 현실은 암울했다. 그때 도움을 준 사람이 바로 순희 부모님, 조카님 내외였다. 두 분은 물려받은 많은 농지와 편안한 심성을 지닌 분이셨으니 자리를 잡지 못한 일가 어른을 위해 농지 일부를 떼어 빌려주었다. 당시 전후 복구로 인한 농지 이전 대토 과정이 쉽지 않았을 테니 그 도움 기간이 제법 길었다. 조카님 내외의 도움으로 재건을 꾀했으니 어머니도 아버지도 그 고마움을 평생 잊지 않으셨다. 일가 촌락의 따듯한 인심도 느낄 수 있었으니 그 힘이었을까, 아버지께서는 여기서 가족을 더 늘리고 노년을 맞고 하늘에 이르셨다. 당시, 만장을 앞세운 꽃상여 뒤를 따를 때 큰 슬픔 가운데 여실히 느낀 감동이었다. 칼같이 매운 날씨였음에도 온 일가붙이와 인근 지인들의 고별인사를 받으신 아버지, 많은 시간이 흘러도 목이 메도록 감사한 부분이다.

우리의 태를 묻은 곳이요, 이곳에서 청춘을 다 보냈으니 가까이 있어도 늘 그리운 고향이다. 특히 몇 년을 직장생활로 떠나있던 오라비의 향수병은, 응골 산자락 조상의 선영과 늙으신 노모, 계절마다 무슨 일을 해야 하는지 농사일이 눈에 선했을 오라비는 결국 귀향을 택해 제자리로 돌아왔다. 추억이 고스란히 배인 친정 동네도 세월과 시대의 변화를 거스르지 못했다. 산업화의 영향으로 공장이 하나둘 들어서니 급격한 인구 유입으로 아파트가 들어섰다. 농사를 천직이라 여기며 농사에 전념하던 사람들은 치솟는 땅값으로 하루아침에 부자가 되었다. 농사일이 근력에 부치는 시기와 맞물려 팔기도 하고, 건물을 지어 임대업으로 전환을 하고, 정든 고향을 떠나기도 했다. 내게 다행인 것은 오라비도 남동생도 옛집 멀지 않은 곳에 터를 잡고 있으니 분명 내게는 행운이다.

청춘 시절, 그녀는 그녀 사정대로 나는 또 내 사정으로 집안일 농사일을 해야 했다. 더구나 그녀의 과수원 일은 논일 밭일에 비해 많은 시간을 할애해야 한다. 나는 모내기를 한 후, 또 출수기를 전후해서 짧게나마 농한기가 주어졌지만, 그녀의 일은 끝이 없었다. 또 종이 인형 같은 나의 저질 체력과 달리 그녀가 몸살이 났다는 얘기를 들어본 적 없으니 건강 체질이 분명하다. 친구의 희생 같은 시간은 부모님께 큰 힘이 되었고 다른 형제들도 모두 하나같이 성공한 사회인이다. 서울 유학의 발판을 위해 서로서로 디딤돌이 되어주고 도움을 주느라 결혼이 늦어진 형제도 있지만 그중 부모님 슬하에서 농사일을 하다가 출가한 친구는 부모님께 지속적으로 실질적인 도움이 되었다. 그런 친구를 형제들은 참 많이도 아낀다. 지금도 커다란 집에 홀로 계신 어머니를 위해 불침번 서듯 돌아가며 찾는다니 귀감이 아닌가.

지금도 본인 생일이 되면 어머니를 위해 소고기와 미역을 사고 용돈 봉투 만들어 어머니께 간다는 그녀가 눈물 나도록 부럽다. 어려움 속에서도 훌륭하게 자녀를 키우셨으니 당연한 귀결이리라. 친구는 가정 살림도 야무졌지만 늦게 시작한 사업에도 특별한 수완을 발휘해 성공 가도를 달리는 그녀가 자랑스럽다. 태어나면서부터 시작된 인연이요, 이순이 되도록 근동에 살고 있느니 분명 남다른 인연이다. 그녀에게도 또 내게도 어느새 머리 위에 서리가 내려앉으니 친구가 더욱 좋아지는 나이다. 마음은 여전히 그녀와의 추억이 가득한 청춘 시절 어디쯤에서 서성이니 말이다.

17 & 17

맑은 바람이 분다. 한껏 부풀어 올라 공중에 뜬 기분이었다. 우정을 앞세운 17이란 숫자는 진한 코발트빛 사랑이다. 새내기 친구를 위한 응원의 손길임을 나는 안다. 감동에 겨웠던 그 열일곱, 그 숫자는 전혀 다른 감흥으로 내 발목을 잡고 나를 침체에 늪에 빠트린다. 무엇보다 큰 숫자라고 생각했던 17, 일순 부끄럽고 머쓱해 쥐구멍을 찾는다. 그러나 그 또한 무명작가인 내게 가당치 않은 사치인지라 이만하면 족하지 싶어 마음을 다잡는다.

나의 졸서 『비타민이 열리는 나무』가 가져다준 행복은 누가 뭐래도 첫 독자다. 누군가 내게 첫 발간의 기쁨 그 떨리는 순간의 행복에 관해 물어온대도 내 대답은 같다. 출간의 기쁨과 첫 독자를 수평 저울에 단대도 전혀 기울지 않을 만큼이다. 세상이 다 아는 유수한 작가라 해도 나만큼 훌륭한 첫 독자를 둔 사람은 흔치않으리라. 수필학의 명인이시고 수필학 1호 박사, 권 교수님으로부터 평론을 받기 위해 원고를 송고한 뒤로는 가슴 떨리는 시간이었다. 이미 만들어진 작품들을 막상 세상에 내보내려니 자신감이 결여되어, 출판사와의 오탈자교정 작업을 하면서도 수도 없이 원고를 수정하는 퇴고 작업을 해야만 했다. 피 마르는 작업이 아닐 수 없었다. 그 작업이 마무리될 즈음, **'그리움과 추억이 교직된 삶 속 감동의 사연들'**이라는 제목의 평론을 교수님께서 보내오셨다.

아, 부족한 나의 졸작들에게 생명을 불어넣고 향기를 더해주셨으니 감동으로 온몸을 전율케 한다. 온통 결점 투성이가 단비를 만나고 새 생명을 얻은 것이다. 생각하면 얼마나 가슴 떨리는 일인가. 국내 수필계 새로운 지평을 열고 계신 교수님의 서평을 받다니, '수필은 누구나가 아닌 누군가의 문학이라야 한다.'는 강력한 지론으로 본격수필의 가치를 정립하는데 열정을 다 바치시는 분이 나의 첫 독자였다는 사실은 정말 두고두고 꿈같은 행운이 아닐 수 없다. '교수님은 내게 은인인 거야.' 교수님의 서평을 채 다 읽기도 전에 이미 감동으로 눈앞이 흐려져 모니터를 응시할 수가 없었다. 보잘것없는 제자를 위해 명품평론을 선물해 주신 것에 대해 제대로 된 감사인사를 드렸었던가,

너무나 분에 넘치는 나의 첫 독자를 위해 서툰 새내기 작가는 아무것도 해 드릴 게 없어 서러운 나는 다만, 지인들에게 책을 건네며 **'제 글보다도 우리 교수님 평론은 꼭 보셔야 되요.'** 라는 말밖에 할 수가 없었다. 보잘것없는 졸서가 가져다준 감동은 거기

서 그치지 않았다. 책 나눔 행사를 위해 '작은 출판기념회'를 불과 두 주일도 안 되는 짧은 시간을 두고 초대문자를 돌리니 사정 따라 답신도 각각이다. 그중 친구 하나가 부득이한 사정이 생겼으니 행사에는 못 가도 책은 열권만 꼭 보내라는 문자다. 확 달아오른 얼굴로 '앤 무슨 검증도 안 된 책을 열 권씩이나,' 했지만 결국 친구에게 지고 말았다. 행사를 끝내고 꼭 보내야 할 곳을 하나하나 짚어가며 포장을 하고 우체국으로 향하던 행복은 이제껏 누려보지 못한 형언할 수 없는 기쁨이었다.

구름 위를 걷는다면 이런 기분일까, 아니면 푸른 잔디에 누워 살랑대는 봄바람의 온몸을 맡기면 이렇게 달콤할까. 양손 가득 무겁게 들고 우체국을 오가는 길도 내겐 무한 행복이었다. 이미 행사장에서 지인, 친구, 친정붙이들에게 분에 넘치는 사랑을 받았던 터였다. 열 권을 보내라던 친구에게는 우체국 박스 2호에 맞추어 아홉 권 넣었다. 친구의 이름을 붓펜으로 곱게 써넣어 갈무리한 것 말고 나머지 여덟 숫자만큼의 봉투도 챙겼다. 행사장에 못 왔다는 인사도 그만하면 상쇄되고도 남는다. 앞서 말했듯이 검증 안 된 새내기의 책을 선물할 친구를 생각하면 못내 미안한 마음도 진심이었다. 이틀 뒤 책을 잘 받았다는 전화를 걸어왔다. 친구는 아예 다시 그만큼의 책을 너 보내란다.

아, 이 아이는 대체 왜 이러는 걸까, 친구라는 미명으로 과한 구매이지 싶어 만류해보았지만 또다시 지고 말았다. 이번에도 똑같은 숫자를 보내고 나니 장장 17권이었다. 친구는 공직자 생활을 정년까지 하신 남편과 두 아들과 며느리와 손자도 보았다. 친구도 대학교 앞에서 오랜 기간 하숙을 했었고 현재는 원룸 임대 사업을 한다. 그러나 그 친구처럼 야무진 살림을 살아온 사람일수록 돈의 진귀함을 더 잘 알지 않을까. 내 작품집 속의 한 꼭지를 장식했다고 무리한 구매를 할 필요는 없을 터였다. 불교에서 말하는 진정한 보살이 아니고서야 이럴 이유가 없지 않은가. 그런 그녀는 가끔 '나는 니가 봉정암에서 어떤 글을 만들어 낼지 꼭 같이 동행하고 싶어' 라며 내게 봉정암을 함께 오르자고 권유하지만 미안하게도 한번을 응하지 못했다.

그 고마운 제의에 응답하지 못하는 저질 체력을 자책할 뿐이다. 거금을 들여 지인들한테 선물을 한다는 보살 마음을 가진 바다 같은 친구에게 자꾸만 마음이 쓰였다. 그 후로 나는 그 친구에게 책의 행방에 대해 언급하지 않았다. 민낯을 보인 것처럼 그저 부끄러울 뿐이었다. 그리고 몇 달 뒤, 같은 17이라는 숫자에 다시 얼굴이 붉어졌다. 같은 숫자인데 이렇게 감흥이 다를까. 왠지 부끄러워 숨을 곳을 찾고 싶었다. 공연히 남편 보기도 미안해서 말 꺼내기가 망설여졌다. 생각해보면 너무나 당연한 결과인데 왜 이런 결과에 일희일비할까, **'스스로 드러내는 자는 밝지 않다'는** 고사처럼 나는 아직도 미성숙한 인간이었던 것이다. 생판 얼굴도 모르고 인지도 하나 없는 무명작가를 고맙게도 열일곱 분이나 찾아주었지 않은가.

조금의 시간을 두고 남편에게 열일곱 권에 대한 첫 판매대금이 통장에 들어왔노라 조심스럽게 고백했다. 잠시 실망한 표정이 스쳐갔지만 무명작가를 위해 열일곱 분이나 내 책을 사 주었지 않았냐고 짐짓 너스레를 떨었다. 서운함은 잠시, 이내 고개를 끄덕이는 남편이 고맙다. 심기일전 노력해서 조금씩 커가는 꿈을 다시 한 번 꾸어보련다.

- 2016. 늦은 가을

密陽

"언니 그냥 당당해지면 안 돼요?"

지역 후배가 내게 한 말이다. 우리 지역의 문협, 의미를 지닌 일정 하나가 마침표를 찍는 날이다. 꼭 와야 한다는 제의에도 선뜻 나서지지가 않았다. 나를 음해하고 시기하는 사람들로부터 멀어지리라 결심했기에 참으로 난감한 상황이다. 나는 왜 이럴까. 누가 뭐라 하건 내 길만 가면 될 일을 종종 '안다리 바깥다리'를 걸어오는 통에 번번이 낙담하고 주저앉는다. 좋은 선배 좋은 후배가 되기를 거부하고 고집스레 반목을 거듭한다.

지금쯤이면 수료식, 또 지금쯤이면 악조건하에서도 10주간을 출강해주신 교수님께 드리는 작은 꽃바구니가 전해졌을까. 마음은 그곳에 있으니 파노라마처럼 장면 장면이 스쳐 지나간다. 뒤풀이가 끝날 시간이 되었을까, 손전화기가 요란하게 울어댄다. '어, 잘 끝났어?' 전화기 너머에서 그녀가 잠시 숨 고르기를 하는 것 같다. 교수님께 드릴 꽃바구니와 따로 장미 한 송이를 내게 주려고 준비했는데 왜 안 왔냐고 서운해 하는 지청구다. 이럴 때 참 둥글둥글하지 못한 내 성격이 원망스럽다. 나는 정말 사회생활에 부적격자일까. 훌훌 털어버리지도 못하고 그렇다고 들이대지도 못하는 내가 참 딱할 노릇이다. 짐짓 아무렇지 않게 '무슨 꽃을 나한테까지, 나한테 왜~' 했지만 나는 이미 가슴이 턱 막히고 말았다. '나를 수필로 인도했고 잘한다 잘한다 응원해줘서 여기까지 왔는데 꽃 한 송이 건네줄 기회도 주지 않는다,'며 서운해 하는 목소리가 울음이 배여 그만 당황하고 말았다.

'그러지 마, 왜 그래 왜 그래' 어떻게 달래야 할지 몰라 쩔쩔매는데, 너무 속상해서 그런다는 투정 어린 말에 그만 마음이 무겁다. 내가, 누군가를 울릴만한 영향력을 끼쳤나 싶지만 그런 것이야 다 상대성 아닌가. 전화를 해온 그녀는 하루에도 몇 차례 걸려오는 남편 전화에 '어, 하늘!'하고 받을 만큼 사랑이 묻어나는 하늘 남편과 장성한 두 아들을 두었다. 오랜 직장생활을 뒤로하고 사진을 시작하면서 사진작가가 되고 다시 수필을 만나 새로운 인생이모작을 꿈꾸는 친구다. 매년 봄마다 시행하는 지역의 문예대학, 처음 만난 그해 그녀는 매번 옆자리에 앉아 얼굴을 익히고 말문을 튼 어느 즈음, 사진 콘테스트에서 금상을 탔다며 수상소감 정리 원고를 스스럼없이 내밀어 보인다. 수상 소식의 기쁨을 간결하고도 깔끔하게 정리한 문장을 보고 퍽 마음에 들어 수필을 적극적으로 권장하게 되었던 것이 오늘과 무관하지 않다. 그녀도 수필의 매력을 발견했던가, 고맙게도 지금까지 차근차근 글쓰기 공부를 해오고 있다.

등단 이후 혼자 드나들던 1박 2일 전국대회를 올해는 결코 혼자가 아니다. 신인상을 받는 지역 문우들의 축하객으로, 또 모지의 경주 행사를 위해 함께 나섰으니 감회가 남다르다. 확실히 들뜬 기분을 주체할 수 없다. 혼자보다 둘이, 둘보다는 여럿이 낫지 않은가. 그 안에 그녀도 자리했다. 정말 묘한 것은 내가 16회 등단이었다면 그 숫자를 뒤집은 61회 신인상에 그녀 이름이 올려졌다. 지역이 크지 않아 본격 수필의 저변확대를 위해 손을 내밀지 못하고 그냥 흘려보낸 세월이 십여 년이다. 이제 그 적막을 깨고 새 가족을 맞아들였으니 만감이 교차한다. 자신의 달란트를 주체하지 못해 끄적거리는 사람은 많다. 등단이라는 제도를 떠나서 누군가 내 글을 읽고 인정해 주었다는 감흥은 신인상 통보를 받았을 때 기쁨이 가장 크지 않을까 싶다. 그 시작하는 과정을 함께 했으니 기쁘지 아니한가.

도착하니, 행사는 이미 진행되고 있었다. 내빈소개가 있었을 테고 처음으로 선포된 '수필인 헌장'이 선포되었을 것이다. 교수님과 운영위에 겨우 눈인사만 하고 자리를 잡았다. 권대근 교수님께서 열정 명강의를 펼치시고, 축하 공연을 이어지고, 하이라이트가 될 본격 문학상 시상에 앞서 새로운 가족을 맞는 시간 열렬한 축하 속에 '신인상 시상'이다. 이름이 하나하나 불리고 등단증을 받고 차례로 수상 소감이 이어진다. 우리 한복으로 곱게 멋을 낸 포천 달포회 이혜영 작가, 열정과 당당함을 장착했으니 이보다 더 멋질 수 없다. 그 동갑내기 지역 문우의 소감이 또 큰 박수를 받는다. 어린 날 색동저고리 말고는 온전하게 자신을 위해 한복을 입은 날이 있었던가. 오늘 그녀는 자신을 위해, 신인상을 통해 새로운 길에 들어선 자신을 위해, 기꺼이 한복을 입었노라 말하니 박수와 환호가 터져 나왔다.

그리고 또 다른 그녀 유예숙 작가가 말한다. 수필의 이론을 집대성한 본격 수필이론과 교수님의 열정을 만나면서, 자연과 사물의 순간을 렌즈에 담았던 그녀는 이제 자신을 사랑하고 지지하는 많은 이들에게 누가되지 않도록 공부하는 수필작가가 되리라 말한다. 다짐을 피력하고 밀양을 찾아 열심히 노력하겠다는 그녀, 그러고 보니 수일 전 울먹일 때도 같은 이야기를 했던 것 같다. 그녀는 영화 '밀양'을 이야기하는 것일까, 앞이 안 보이는 어려운 환경에서도 실낱같은 희망을 찾아 나서는 긍정의 힘, '밀양(密陽)' 슬픔 속에서도 그 안에 따뜻한 인정과 햇볕 같은 웃음이 숨어 있다'라는 속뜻처럼 나도 누군가에게 밀양이 될 수 있기를 바람 해본다. 많은 갈림길에서 필연같이 만난 수필인연을 위해 응원하리라. 숨겨진 작은 빛 따사로운 '밀양'을 찾기 위한 노력을 하겠다는 그녀의 진정성을 나는 믿는다.

密陽→微陽 간절한 이가 작은 빛을 찾아낸다면 궁극의 승리가 아닐까. 아주 작은 꼬맹이 시절, 창호지 문에 바늘구멍을 내어 내다보던 마당풍경이 떠오른다. 친구와 싸웠는지, 아무도 내 이름을 불러주지 않는 무료한 날, 어머니의 돗바늘로 구멍을 뚫고 장난을 치다가 만난 신비였다. 작고 작은 바늘구멍이 분명한데 외양간도 수돗가도 키다란 암소까지 마낭이 훤하게 내다보였다. 어둠에 갇혀있다면 작은 바늘구멍의 빛은 위대하리라. 희망을 꿈꾸는 누군가에게는 따듯한 말 한마디가 작은 힘이 되고, 잡아주는 손끝에 담긴 온기로 버틸 힘과 용기를 얻는다면 미량의 빛인들 어떠하랴. 작은 밀양을 찾아 노력하겠다는 그녀를 응원한다. 서두르지 않기를, 주저앉지 말고 끈기 있게 지속적으로 노력해주기를,

포천에 물들다

좁은 우물 안에서 살다 보니 외부와 친분을 쌓기 어렵다. 텃구렁이(경기방언) 마냥 좀체 바깥 생활이 없기도 하지만 먼저 다가가지 못하는 성격이 문제다. 그러나 한 번 정이 들면 어렵사리 사귄 만큼 쉽사리 끊어내지도 못한다. 아니 끊는 방법을 아직 배우지 못했다. 소중하게 맺은 인연이 아닌가.

봄과 함께 맞는 문예대학의 설렘이 살짝 무뎌질 십 년 세월이다. 좁은 지역이고 보니 새로운 얼굴의 출현보다 늘 만나는 지역 문우를 만나리라는 생각이었다. 개강일은 정신없이 지나가고 두 번째 강의가 있던 날 의외의 새 얼굴들이 눈에 들어왔다. 반짝이는 안광의 뉴페이스다. 시를 보통 문학의 꽃이라고 생각하는 사람들이 대부분인데 수필 강의에 이렇듯 반짝이는 눈빛을 보았던가, 설렘이 몽실몽실 일어난다. 그중 매번 앞자리를 고수하는 여인에게 눈길이 간다. 올 때마다 트레이드마크처럼 모자를 쓰고 나타나는 사실 하나로도 그녀가 멋쟁이일 거는 짐작을 해본다. 얼핏 내 또래이거나 살짝 어릴 것 같아 일단 염두에 두었다.

그러고 보니 오래전에 비슷했던 데자뷔가 떠오른다. 삼십 중반에 큰아이를 입학시키고 첫 어머니 회의에 참석한 날 내 또래보다 젊은 엄마들을 만났다. 그중에 근처에서 못 보던 도시이미지의 자모가 눈길을 끌었다. 아니나 다를까 그녀는 이곳 포천에 내려온 지 삼 년도 채 안 된 도시녀였다. 그녀는 늦가을쯤 내려왔는지 유독 혹독한 포천 지역 겨울 추위를 만나 적응하기도 전에 정부터 떼더란다. 스산하고 어설픈 시가지 형성은 물론 좀체 정이 들지 않고 어설프더란다. 어찌어찌 겨울이 끝나고 새봄을 맞아 비죽비죽 올라오는 쑥이며 온 초록 들판에 야생화 향연은 도심에서의 생활을 어느새 잊게 하더란다. 당시 그녀는 이 년쯤 지나고 보니 모처럼 시내를 나가도 빨리 귀가하고 싶을 만큼 완벽하게 적응했노라 고백했었다.

그리고 나는 그녀와 네 번째 강의가 끝나고 통성명을 했다. 문예대학 강의가 끝나고 주어진 교류 시간에 각자의 소개가 이어졌다. 그녀는 내 예상을 벗어나지 않았다. 도회 생활을 하다가 시어머님의 건강 문제로 남편 고향으로 귀향한 지 오래지 않다고 한다. 확실한 정동갑이지만 도회 생활만 해서인지 피부며 매무새가 샘이 날만큼 확실한 도시녀였다. 대화를 많이 한 건 아니지만 시어머니의 노인성 발병에도 그리 두려워하거나 낙담하는 것 같지 않은 것은 무한 긍정 이미지거나, 심성이 고와서일 것이다. 그러나 고운 모습 뒤에 생길 듯 말 듯, 어머니의 노인성 질환에서 생길 수심을 잠깐 생각해 본다. 친정 노모를 겪어 본 적이 있기에.

그 사연을 듣고 나니 이 문학 강좌 프로그램이 그녀에게 정말 귀히 쓰였으면 하는 바람이 커진다. 아직은 그리 중증이 아니시라니 그것만도 다행이다. 그녀의 이 시간이 사치가 아닌 충분하게 누려야 할 여가였으면 좋겠다. 도농의 경계 그 언저리 포천에 사는 맛도 좋았으면 좋겠다. 아니 이미 그렇다고 단정 짓고 싶다. 정신없는 도심 멀미에 아직 적응이 아직 미진한 나였지만, 그녀의 귀향 생활에 응원을 보내고 싶다. 또 문학소녀였거나 혹은 이제 문학과 새로운 인연이 되었거나 그 인연이 소중하게 유지되기를 바랄 뿐이다. 지나온 삶의 내밀한 이야기, 가슴에 담아온 아름다운 이야기를 기대해보리라.

평소 교수님께서 힘주어 역설하시는 '수필은 화해의 문학'이라는 정의를 나는 유독 좋아한다. 나 또한 부모님과의 진정한 화해 역시도 수필을 함으로써 완결 지었다고 말할 수 있다. 부모님을 향한 존경의 마음이 결코 가식이라고 할 수는 없다. 그것은 부모님을 존경하는 것과는 또 다른 별개의 감정이었다. 단지 철없던 시절의 감정을 돌아보면, 부끄럽지만 사랑보다 늙어가는 부모님께 갖는 연민이었을 것이다. 서울 수필 공부방 칠십 대 시니어 수강생 고백도 그랬다. 일 잘하는 맏며느리를 원했을 시어머니, 그러나 일을 젬병이요 공부만 했던 자신이 마음에 들었을 리 없을 거라는 이해도 수필을 만남으로써 결과를 얻었으며, 비로소 시어머니와의 진정한 화해가 이루어졌노라 고백한 바 있다.

그녀가 단아하고 참한 모습을 유지하는 데 역할을 수필이 해주리라 믿는다. 시어머니의 요양 상황을 정리하거나 직장생활을 마감한 남편과의 소소한 일과를 담아내는 창구가 되어도 좋으리라. 그 어떤 문학보다 수필은 독자로 하여 작품에 동화되고 감성을 자극하여 감동으로 독자를 이끌어 낸다. 수필을 쓰는 작업은 전혀 새로운 자신을 만나게도 하고 자신을 성찰하고 한 뼘 더 커가는 자신을 만나는 창구가 되기도 한다. 아름다운 그녀가 포천에서의 삶을 만족한다니 고마운 마음이다. 이곳에 태를 묻고 육십 평생 살아온 나로서는 감회가 남다르다. 수도권이 가까운데 비해 발전도 더디고 발전 가능성도 지리멸렬하지만 내게는 산자수명한 내 고향 포천이 아닌가.

영어 발음상 Pocheon을 '행운의 여신'이라고 하듯 나는 아직 우리 포천의 산뜻한 미래를 꿈꾼다. 그리고 바쁜 일상의 틈을 내어 그녀가 문학 교실을 찾았듯 문학의 씨앗이 발아되어 문학의 튼실한 싹을 틔우는 것에도 의심하지 않는다. 문학 강좌의 현수막을 보고 가슴이 뛰었다던 그녀, 수필로 인해 좀 더 행복하고 수필을 떠올리면 언제까지나 벅찬 환희를 맛보았으면 좋겠다. 평탄하고 아름다운 삶을 살았대도 누구에게나 돌파구는 필요하지 않을까.

밝은이 정현경의 삶 들여다보기

도 레 미 파 솔, 그녀의 보이스는 파와 솔 그 중간쯤 어디일 것이다. 비가 오면 비 오는 대로 바람 불면 또 그런대로 그녀의 음성은 오늘도 맑음이다. 셀 수 없을 만큼 고비를 겪어 삶이 고단할 때도, 중년기 우울감으로 흘러가는 구름에 눈물방울이 떨어져도 그녀는 항상 솔 톤이다. 그녀를 알게 된 지 여러 해, 그럼에도 나는 그녀의 눈물을 보았었던가. 그녀의 마음자리 그 어디에도 주름 따위는 갖고 있지 않다. 밝기는 60촉 이상이고 너르기가 태평양이다. 아마도 돌아서서 울음을 삼킨 날은 수없이 많았으리라.

"언니 나 진천에 이사 오고 너무 심심해서 자서전 반 들어갔어요."

"현경, 자서전은 무슨, 그건 좀 아직 이르지." 아직 오십 대인데 무슨 오버인가 싶어,

"최소한 칠십 대는 되어야 자신의 삶을 돌아보고 정리를 해야 할 때 자서전을 생각해봄 직한데 젊은 나이에 무슨, 어느 정도 인생을 살아봐야 지나온 날들을 반추하고 정리하는 거야."

그러거나 말거나 손전화기 저 너머 그녀의 하이 톤이 또 신명이 났다. 동갑내기라는 자서전 반 강사님 이야기와 함께 수업을 듣는 시니어들 이야기에 평소보다 더 들떠있다. 천성이 부지런한 탓일까, 가만히 있으면 몸살이라도 나는 걸까. 쉼 없이 일을 만들고 또 긍정의 힘으로 헤쳐 나간다. 세상 풍파가 현경보다 적었던 걸까, 헛먹은 나이 자랑하는 나보다 훨씬 어른 같은 아우다.

교과서에 실릴 만큼 명문가, 진주 땅에서 63년 세상에 나왔다. 〈토지〉 속 최 부자댁의 모태가 되었으리라는 추정을 할 만큼 그녀는 귀하고 귀한 댁의 '작은아씨'였으리라. 집안일을 보아주는 이들의 보살핌을 받고 자랄 만큼 행복했던 시절, 온 세상의 모든 것이 아름다운 시절이었지만 신은 항상 시샘 많은 장난꾸러기였다. 어린 현경에게서 곱디고운 어머니를 앗아가 버렸다. 세상의 다시없는 평생의 내 편, 따듯한 어머니의 손을 놓쳐버린 그녀의 반세기는 어떠했을까. 위로 나이 차 많은 오빠와 빈 들판 같은 휑한 가슴이 되어버린 그녀, 남동생이 셋이나 되었으니 할머니의 채근이 시작됐다. 아버지는 새어머니를 맞아들였고 이복동생들도 생겨났다. 이즈음부터 지식인 아버지는 밖으로 밖으로만 떠돌았을 것이다. 가세는 급속하게 기울고 삶의 고비는 늘 그녀를 따라다녔다.

결혼을 했다. 세상에 어려움은 멀리 사라졌을 것 같지만, 마음 좋아 보이는 남편은 직장을 그만두고 삼십 대 젊은 나이에 사업에 뛰어들었다가 외한 보유 최대 위기라는 IMF를 맞고 부도와 도산에 직면했다. 아이들은 고만고만 돈 들어갈 일은 많고 삶은 점점 팍팍해졌다. 그럼에도 타고난 긍정 마인드 하나로 버텨냈다. 세 아이도 모두 반듯하게 잘도 성장했다. 어려움 속에서 빈번하게 닥치던 시련으로 번번이 병원 신세를 져야 했지만, 그마저도 그녀는 경제적 시련을 이겨내기 위한 워밍업 정도로만 여긴다.

온갖 인생을 달관한 듯 오늘도 그녀는 씩씩하다. 자신의 인생 이야기를 만나게 될 독자에게도 특유에 무한 긍정 에너지를 햇살처럼 나누어주리라. 앞으로의 그녀 삶이 화사한 꽃길만 걷게 되기를 기원하며 나, 그녀를 위해 진심으로 기도하리라.

- 인생 어느 즈음에서 만난 수필가 이운순 -

수필작가 만보 작가님의 3집 출간을 축하드립니다

만보 박태병 수필 작가님의 세 번째 수필집 『와우의 미소』 상재를 축하드립니다. 1집 『노을 지는 들녘에서』로부터 3년 반 만에 『아카시아 향기는 바람에 날리고』 2집을 출간하셨고, 다시 삼 년을 다 채우기 전에 3집을 출간하는 기염을 토하는 열정을 보이시는 작가님이십니다. 은근과 끈기 창작의 고통 속에서 한 편 한 편 잉태되어 많은 독자와 만나는 영광된 순간에 축하드릴 수 있는 기회를 할애해주신 작가님께 고개 숙여 감사드립니다.

작가님과의 인연은 2016년 9월 첫 목요일, 문학신문사 수필학 강의실에서 만보 작가님을 처음 뵈었습니다. 강의실 수강생은 은퇴 교직자가 대부분이셨고 사회에서 일역을 담당하시다 퇴역하신 시니어의 문학 열정이 재점화된 곳이었습니다. 만보 작가님은 당시 2집을 준비하던 중이셨기에 일정 기간이 지나면서 두드러진 창작 열기를 발휘하셨습니다. 2017년 초 드디어 2집 출간을 해내셨습니다. 나이 어린 문우에게도 탐독에 기회가 주어져 이미 만보 작가님께 **'키다리 신사 만보 문우님의 옥서를 접하고'** 1집 독후감을 올렸고, 출간하신 2집의 잔잔한 감동을 **『아카시아 향기는 바람에 날리고』**의 감동을 적습니다, 라는 소박한 감상문을 올린 인연으로 오늘을 맞게 되었나 봅니다.

저의 12년 짧은 문단 경력에도 여성 작가님들의 귀한 작품집을 종종 받아봅니다. 그런 저에게 선 굵은 남성 작가님의 작품집은 적잖은 충격이었습니다. 여성 수필가들에게서 느낄 수 없는 광범위한 주제가 매번 좋았습니다. 남다른 사유의 깊이와 모나지 않은 초 긍정주의에 따듯한 시선을 지닌 작가님이라는 첫 기억을 상기해 봅니다. 저도 그렇지만 여성 작가님들은 아기자기한 개인 가정사부터 파란 많은 눈물의 인생사가 주된 작품세계입니다. 식견의 차이일까요, 어쩔 수 없는 시각의 한계를 느끼고 밀려오는 허무를 경험합니다. 그러나 작가님 3집에 수록될 작품 속에는 정치 경제 안보, 소소한 사모님과의 일상과 영화감상의 뒷이야기나 여행을 통한 기행수필, 평생을 숭앙한 신앙수필까지 세분화 된 작품 세계가 독자들을 만족하게 합니다.

선생님께시는 한국전쟁을 경험하신 세대이십니다. 고등학교 대학교 엄혹했던 청년기, 격랑기의 거센 파도를 헤치고 역경을 이겨낸 영광된 시간이었기도 합니다. 바쁘게 살아온 시간 속에서도 작가님은 낭만을 잃지 않으셨습니다. 청춘 시절 간직했던 낭만은 훗날 수필작가라는 큰 자양분이고 자산이 되었습니다. 부모님께는 믿음직한 장남으로, 가족에게는 온유하고 따듯한 가장으로, 또 무엇보다 신앙심 투철한 퇴역 장로님이 그려내는 신앙수필은 신앙인이 아니어도 두 손을 모으게 합니다. 현역에서 은퇴하시고 소싯적 꿈을 좇아 문학적 역량을 발휘하시는 지금이야말로 제2의 황금기를 맞고 계신 듯합니다. 그 누구보다 은혜로운 황혼을 맞아 아름다운 시니어의 표본으로 살고 계신 것에도 응원에 박수를 보냅니다. 그 열정의 산물, 60여 편의 주옥같은 작품을 만날 기대감에 설레는 문우입니다.

3집 출간은 작가님의 희수연, 사모님과 오십 년 해로를 기념하는 금혼식 의미를 담아 설계하셨노라 소회를 밝히셨지요. 젊은 문우들 못지않은 추진력으로 드디어 3집 출간을 앞두고 계시니 모든 기도를 들어주시는 신의 은총이라 또 감사기도를 하실 작가님, 문학신문사로부터 정독수필로 이어진 인연을 매개로 다시 한 번 축하드릴 수 있는 기회를 주심에 감사드립니다. 2집 독후감 말미에 쓴 인사를 다시 한 번 올립니다. **'부디 건강관리 잘하셔서 오래도록 창작활동 하시는 모습을 보고 싶습니다. 훌륭한 재능을 뒤늦게 발견했다는 아쉬움은 앞으로 만날 작품에 더 큰 기대를 갖게 합니다. 그리하여 저희에게 오래도록 귀감으로 남아주시기를 부탁드립니다.'**

- 2019년 10. 삼라만상이 모두 잠든 가을밤,
지면호칭 '만보오라버니께' 다경이 올립니다

Point

무심하게 채널을 돌리다 낯선 영상에 꽂혔다. 더위가 가시지 않은 늦여름의 푸른 바다 풍광이 보기만 해도 시원하다. 하늘도 푸르고 바다도 푸르니 두 눈과 가슴, 마음까지도 청량감이 폐부까지 스민다. 이 생경한 풍광은 이미 소문난 낚시광 연예인들의 낚시 방송이었다. 긴 시간을 찌만 바라본다는 낚시에다 전문방송인들의 입담을 곁들이니 재미는 있지만 오던 물고기가 달아날 판이다.

시원한 바다낚시 풍경에 빠져 재미가 붙었다. 갈 곳 없는 남편들이 무념무상 시간을 보내려고 찾는 것이 낚시인 줄 알았다. 하릴없이 무료함을 달래려고, 복잡한 생각 정리를 위해 찾았을 낚시다. 눈이 시린 풍광과 몇 십 년 방송인들의 유쾌한 입담이 더해 흥미를 더해 세월을 낚는다는 것이 이전의 낚시 문화였다면, 낚시를 위한 낚시에 의한 낚시만의 신개념 방송이 분명했다. 좋다는 포인트를 찾아 낚싯배를 세우고 계절과 물때에 따라 맞는 어종을 선정 4자, 5자, 6자를 기다린다. 입질이 없을 때는 장난스럽게 '용왕님'도 찾고 '아버지 저예요.' 연신 부르지만 결국 다른 포인트를 찾아 뱃길을 돌린다. 우리들 인생에도 가눌 수 없는 변수를 만나거나 행운을 만나기도 하니 낚시에도 인생이 녹아있었다. 뱃멀미로 온갖 내용물을 확인하고 기진한 게스트를 볼라치면 고정 패널들의 낚시 구력을 실감한다. '리얼리티' 방송의 성격상 예상치 못한 변수나 상황에서도 발휘되는 유려한 입담에 과연 천직이구나 싶다.

얼마 전 문학연수원에서 함께 공부하는 문우님 자제분의 결혼식에 참석했다. 주례를 서신 교수님과 식사를 마치고 2차 카페 담소를 거쳐 헤어지려던 참에 연장 문우님의 제안으로 대한극장으로 발길을 돌렸다. 모처럼 다들 시간을 비운 날이었으니 문화생활도 창작에 중요한 요소라는 거창한 구실을 붙여 즐겁게 동행했다. 국산 방화 **'그것만이 내 세상'**을 골라 표를 구매하고, 진한 버터 향이 코끝을 자극하는 팝콘을 뒤로하고 극장 밖 골목으로 향한다. 우리 시니어의 입맛대로 골목 작은 매점에서 음료와 군입거리를 고르는 설렘도 재미있다. 함께 공부하는 문우님 댁 애경사도 처음이지만 교수님과 동문수학하는 문우들과의 극장 나들이는 전혀 예상 밖에 보너스처럼 들뜨고 신바람이 난다.

기다림도 잠시 곧 펼쳐지는 화면에 하나둘 몰입하기 시작했다.

목소리가 독특한 어머니 역할의 배우는 사십 년 넘는 연기 생활 베테랑이다. 거기다 얼굴은 물론 멋진 목소리의 주인공 배우는 이즈음 할리우드까지 진출했다는 그는 큰아들 '조하'역이다. 전직 동양 챔피언이지만, 세월 따라 스파링 상대와 전단 돌리는 알바 등을 전전하는 전직 복서다. 그의 앞에 어머니가 찾아왔다. 십칠 년 만이다. 폭력적인 남편으로부터 지속적인 폭력을 견디다 못해 뛰쳐나갔던 어머니와 피아노에 관해서는 맹목적 관심을 보이는 '서번트증후군'을 앓는 동생 '진태'가 낯설기만 하다. 저마다의 상처를 안고 살아가는 사람들의 조합으로 이미 감동은 예견되었다. 그를 두고 떠났던 어머니는 살고자 떠난 게 아니고 생을 마감하려 했던 것인 줄 그 누가 알랴. 생을 마감하려던 순간에 구조의 손길이 있었고 그렇게 원치 않은 생을 이어왔다.

자폐아 아들은 어쩌면 자살 직전에 만난 남자의 흔적일지 모른다. 어머니가 뛰쳐나간 뒤 남겨진 큰아들은 폭력적인 아버지 밑에서 어찌 견뎌냈을까. 아버지의 매를 견디기 위해 권투를 시작했을지도 모른다. 나이가 들면서 현역 선수들의 스파링을 전전하니 인생도 멍투성이다. 그런 그에게 뒤늦게 만난 어머니의 따듯한 밥상은 어떤 의미였을까. 성씨가 다른 일점혈육 동생에게는 무덤덤할 만큼 메마르고, 건조하다. 온갖 원망과 설움만을 토해낼 뿐이다. 성치 않은 동생에 대한 어머니의 무조건적 사랑을 확인할수록 어머니와 동생에 대한 반감만 커진다. 그럼에도 조금씩 어머니에 대한 미움도 연민으로 바뀔 즈음 어머니에게는 건강 적

신호가 찾아온다. 치료를 위해 떠나야 하지만 그녀는 아직 둘의 동거가 미덥지 않다.

결코 융합될 것 같지 않은 형제를 보는 어머니의 시선이 저민 듯 아프다. 고아 아닌 고아처럼 살아온 조하에게 자폐아 동생은 그냥 귀찮은 애증의 대상이다. 그렇더라도 단 하나 자신의 혈육에 대한 묘한 기류가 긴장감을 불러온다. 아무리 거부하고 도리질을 해봐도 상황은 변하지 않는다. 대화 상대는커녕 혼자서는 아무것도 하지 못하는 동생이 신경 쓰이고 성가시다. 집을 떠나며 어머니가 당부했던 바람대로 조하는 점차 마음을 열어간다. 어머니에 대한 미움도 동생에게 느끼던 거부감도 점점 연민으로 쌓여간다. 이제껏 어머니를 따라 성당 주일예배 성가 연주를 하는 게 전부였던 동생을 위해 그는 콩쿠르 참가를 모색한다.

동생이 유독 좋아하는 여류피아니스트가 있다. 신기하게도 동생은 그녀의 연주를 들으면 똑같이 연주를 한다. 동생의 천재성을 알리고 싶어 진태를 데리고 무작정 피아니스트의 대저택을 찾아간다. 동생의 연주를 딱 한 번만 들어달라고 간곡히 부탁하지만, 교통사고 이후 의족에 기대어 사는 그녀는 차갑게 거절을 한다. 사고 이후 피아노는 거들떠보지 않았던 탓이리라. 기적이었을까. 홀린 듯 응접실 한쪽에 거대한 피아노 덮개를 벗겨내고 마치 제 것인 양 피아노 앞에 앉아 연주를 시작하는 진태, 걸음을 멈춘 여류피아니스트로 인해 나는 사정없이 눈물이 쏟아졌다. 영화의 전 장면 중, 나는 이 장면을 가장 가슴 뜨겁게 기억하는 명장면이요 최고의 압권이었다.

동생의 연주를 듣고 마음을 돌린 그녀가, 진태를 경연에 참여시키지만, 세상은 그리 만만치 않다. 많은 사람이 감동했지만 심사 결과에는 아무런 영향을 미치지 못한 것이다. 주최 측은 '체계적으로 교육받은 적 없는 연주자의 곡은 이해가 부족하다'는 식의 묘한 이유로 입상을 저지시킨다. 세상은 결코 그들에게 호의적이지 않았다. 억울해도 서러워도 딱 거기까지였다. 설상가상 어머니의 투병을 알게 되었지만 콩쿠르 결과도 아픈 어머니도 다 놓고 싶은 조하는 이민 길을 나선다. 그러나 기적처럼 공항에서 알게 된 진태의 공연소식, 입상자 연주회 명단에 진태가 있었다. 대 연주 홀에서의 진태 모습을 보이기 위해 극적으로 어머니를 공연장으로 모신다.

눈물의 포인트는 모두 제각각이다. 각자의 성향이 모두 다르니 감정이 솟구치는 순간도 다르다. 옆의 문우는 절절한 어머니 연기에 눈물을 닦는 것 같았고 연장 문우님께서는 지난 세월 자녀들과의 시간을 떠올려 눈물이 쏟아졌다고 하신다. 나의 첫 눈물 포인트는 공원 한가운데 설치된 피아노에서 연주하는 동생을 바라보는 조하의 느릿한 감동과 마주할 때였다. 모자란 듯 보이던 진태의 피아노 연주에 홀려 자리를 뜨지 못하는 많은 사람 틈에 그가 서 있다. 세상을 향해 불평과 미움이 가득했던 형 조하의 흔

들리는 눈빛, 세상의 단 하나 일점혈육은 그에게 그렇게 눈물로 다가왔다. 대저택을 찾아가 단 한 번만이라도 동생의 연주를 들어 달라고 애원하던 그를 보았을 때도, 응접실 피아노 덮개가 벗겨지던 순간에도 나는 주체할 수 없이 눈물이 흘렀다.

어머니 생의 끝자락에서 자폐아 아들의 연주를 마주한 어머니, 그 이상의 평화는 없었다. 사실 눈물이 많은 나는 시작점부터 끈적끈적하게 얽히고설킨 형제애와 서로에게 의지하는 포인트마다 눈앞이 흐려졌다. 영상에 다 담기지 않은 에필로그는 그래서 더 따듯한 상상을 하게 한다. 어머니가 떠난 뒤에도 꿈도 사랑도 함께 엮어가는 그 둘의 인생 포인트마다 그들이 함께하리라는 따듯한 상상을 하니 가슴이 뜨거워진다.

- 2018. 1. 봄이 가까운 겨울

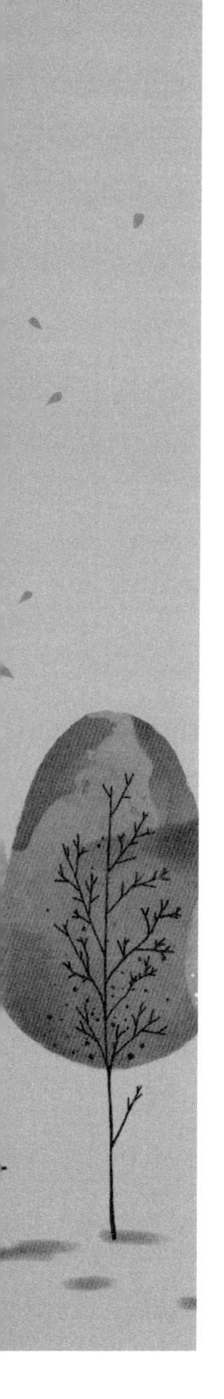

이운순의 수필세계 **서평**

번쩍이는 영혼의 스파크, 몰려드는 문예성의 파도

권대근

대신대학원대학교
문학언어치료학 교수

I. 본격수필의 배를 타고

박경리는 "언어란 강을 건너 피안에 도달할 수 있는 배다"라고 갈파한 적이 있다. 한국 최고의 소설가답게 그녀는 '보이지 않는 것'을 '보이게 해야 한다.'는 예술의 특성을 잘 따르면서, 언어에 대한 개념을 '배'를 빌어 구체적인 보조관념으로 치환해서 표현했다. 여기서 말하는 '피안'이 진리를 의미한다면, 언어는 진리가 될 수 없어도 진리에까지 우리를 실어 나를 수 있는 연장임이 분명하다고 하겠다. 그 언어가 배라면 평자는 피안까지 우리를 실어 나를 수 있는 배를 수필로 상정해 보고자 한다. 이 수필이라는 배는 기본 설계가 되어 있지만 수필가의 건조 솜씨와 관리 상태에 따라서 다시 말해 능력에 의해 그 성능은 다를 것이 아니겠는가. 기능은 비슷해도 성능은 다를 수밖에 없다는 의미다. 잘 관리된 배를 타고 항해하는 것이 허술하게 관리된 배를 타고 항해하는 것보다 더 안전할 것이다. 이런 관점에서 이운순의 수필을 정독하고 내린 결론을 내린다면, 이 수필집은 잘 관리된 배가 분명

하다는 것이다.

평자는 '누군가'의 수필을 주창해왔다. 그리고 이운순을 무한한 포용성을 가진 작가라 칭해왔다. 제1집보다 제2집이 확실히 더 문학적 성취가 빛나는 글들이라는 데 대해 나는 기쁘게 생각한다. 소재의 선택도 폭넓어졌다. 수필의 소재를 '생활'과 '자연'에서만 찾으려 하는 작가가 있다면, 그것은 1930년대적 환상에서 헤어 나오지 못하는 것으로 소재의 빈곤과 작가의식의 부재를 스스로 인정하는 꼴이 될 뿐이다. 수필은 우리네 삶의 모습이다. 수필 쓰는 일은 삶을 통한 선택된 체험을 상상력으로 재창조하고 재구성하는 일련의 문학적 경로를 통해 예술로 승화시키는 작업이다. 그 소재가 어찌 '생활'과 '자연'뿐이겠는가. 그 표현 방식이 어찌 '고백'뿐이겠는가. 이운순 수필의 우수성은 폭넓은 소재를 통하여 그 작품세계를 확장하고 있다는 데서도 찾을 수 있다. 그녀는 "지성인의 문학"이라는 새로운 틀에 맞추어 좀더 그 지평을 넓혀 나가고 있다. 시간의 길 위에서 만난 이운순의 문학혼을 찾아 나서며 서평의 문을 연다.

II. 문학적 성취가 빛나는 수필을 따라가며

이운순은 따뜻한 인간적 감동으로 우리를 구원하는 작가다. 본고에서는 문학적 성취가 빛나는 여덟 편의 작품을 골라 이운순 수필의 구조와 미학에 대해 조명할 것이다. 본 서평을 읽는 여러분들은 작가가 떠나는 문학의 오솔길에 도반이 되어야 할 것이다. 여기서 구조란 작품을 구축하는 구성요소 상호간의 유기적 관련 방식을 일컫는 말이다. 흔히는 플롯과 구조를 동일시하는 경향이 있지만 서로 구별되는 개념이다. 플롯이 이야기의 미적 배열방식이라고 한다면, 구조는 문장을 비롯한 인물, 사건, 공간, 플롯 등 모든 구성요소의 상호 관련 방식을 총칭한다. 모든 문학작품의 의미는 그 구조에서 나온다. 독자를 감정이입의 세계로 인도하는 미적 울림도 기본적으로 작품구조가 만들어내는 예술적인 공감의 힘이다. 작품 선정의 기준은 제재 통찰의 깊이와 주제의 울림, 품격미와 미의식의 문학적 격조, 의미부여 차원에서의 남다른 감수성, 낯설게 하기의 서술전략 등에 두었다. 이제 투명하고 고고한 삶의 양태를 가진 작가, 이운순이 기울인 작품의 미적 구조에 대해 살펴보기로 하겠다.

1. 탁월한 창의적 미의식

제재와 주제의 상관성이란 사물을 바라보는 주체적 수필가가 나타내려는 주제의식과 대상 사이에 얼마나 형이상학적 유사성이 있느냐를 말한다. 유사성이 있는 제재를 통해 주제의식을 내포하도록 하게 되면 독자는 상상과 연상을 통해 숨어있는 주제를 찾아가며 미적쾌락을 맛볼 수 있게 된다. 그녀의 글을 따라 읽다 보면, 이런 쾌락이 찾아온다. 뿐만 아니라 활자가 다가오는 순간, 우리는 촉촉한 감동이 실핏줄을 타고 온몸 구석구석으로 전달됨을 느낄 수 있다. 이운순 수필의 첫 번째 특징은 참신한 미의식의 표현에 있다. 이처럼 편편이 수작인 수필을 쓸 수 있는 힘은 어디에서 나왔을까. 이 수필집을 읽어가며 답을 찾을 수밖에 없다. 본격수필이라면 문학의 쾌락성 외에 또 다른 목적인 효용성을 별개로 따져보아야 함은 물론이다. 제재와 주제와의 유사성은 적을수록 효과적이다. 제재를 보고 누구나 떠올리는 주제라면 이미 식상하여 글을 읽고 깊은 맛을 느끼기는 어렵기 때문이다. 도저히 연결 짓기 어려운 제재를 가지고 참신하고 창의적인 시각으로 주제를 표현해 내기에 이운순 수필은 문학적 감동이 증폭된다고 할 수 있다.

이후 사장어른께서는 몇 번인가 더 다녀가시고 노환으로 하늘에 이르셨다. 어찌 됐든 오징어 숙회를 유독 좋아하셨던 사돈 대접은 어머니에게도 추억이 되었다. 때로 비슷한 갑오징어를 살 때도 있었는데 다리는 짧고 도톰한 몸통에 등뼈가 붙어있는 놈이다. 약이 귀하던 시절에는 말려두고 상비약처럼 썼다. 특히 지혈효과가 좋아 우리가 넘어지고 까졌을 때나 어른들이 연장을 다루다 다쳤을 때도 곱게 가루를 내어 상처 위에 뿌리면 쉽게 지혈이 되고 잘 아물었다. 넉넉하지 않았던 시절이 지나고 생산도 유통도 새 시대가 열려 뭐든지 넘치는 세상이다. 그런데 왜 우리는 어쩌다 내 것을 빼앗기고 한낱 장물아비 신세가 되었을까. 바다는 어종을 달리해 늘 그만큼의 양을 바구니에 채워준다. 그 풍요로운 앞바다를 내어주고 졸지에 비싼 오징어를 사 먹는 현실이 아프다. 언제 다시 내 텃밭을 되찾을 날 있을까. 기다림이 막연하지 않았으면 좋겠다.

- 〈도둑과 장물아비〉 중에서 -

이 수필은 비유가 만들어내는 독특한 문학적 의미와 울림으로 가득해서 감동을 준다. 그 힘은 작품세계는 물론 작가의 사상과 철학 그리고 문학의 본성 등을 효율적으로 형상화하는 데 기여한다. '도둑과 장물아비'는 심오한 주제 세계를 암시하고 있다. 상징의 힘, 그리고 구체적인 사건 전개의 힘은 이 작품만의 고유한 미덕들이다. 이 수필 속에서 작가의식의 깊이와 지배적 정황, 그리고 미적 울림 등을 입체적으로 체험할 수가 있는 것도 이 때문이다. 위 인용 예문에서 볼 수 있듯이 중국 어선들이 우리 바다에 몰래 들어와서 잡아간 중국산 수산물을 우리가 사 먹으니, 중국 어부들은 도둑이고, 우리는 영락없이 도둑들이 파는 고기를 사먹으니 장물아비라는 풀이는 낯설게 하기 효과가 강력하다고 하겠다.

이운순은 우리의 영혼이 새로움을 지향하도록 이끄는 작가다. 이 작품이 지닌 최대의 미덕은 중층구조의 복잡성 속에서 '도둑과 장물아비'의 정체를 마지막에 가서야 알 수 있게 하는 지연 전략에 있다고 하겠다. 끝까지 상징의 원관념을 노출시키지 않고 암시만 하는 절제된 서술전략도 이 작품의 격을 높여주고 있다. 뿐만 아니라 이 작품의 예술적 가치는 약소국의 비애를 내뿜게 한 미적 설계도에도 있다. 강대국의 소용돌이 속에서 소국이 겪어야 하는 서러움이 한 수필가의 실존적 고뇌를 도둑과 장물아비라는 객관적 상관물로 내세워 수필화한 것이 놀라울 뿐이다. 따라서 이운순은 보통의 수필가가 아니라 이렇게 탁월한 미의식을 지닌 작가인 것이다. 도피의 노래가 아니라 생활의식의 반영을 노래하는 작가로서 이운순은 수필의 문학적 수준을 향상시키는 데 크게 기여한 작가라 하겠다.

부지런한 남편은 간혹 고향을 다니러 가거나 지방출장이 있을 때 말고는 집 앞 골목청소는 늘 남편 몫이다. 초가을 아침 집 앞 청소를 나갔다가 골목에 나뒹구는 연둣빛 풀벌레, 여름 풀밭에서 '찌르르~찌르르~' 울어대는 여치였다. 한로(寒露)가 코앞이니 분명 수명을 다해 가리라. 그렇더라도 미세한 움직임이 남아있으니 해충이거나 아니거나 불쌍한 생각이 들어 골목 끝 풀밭에 옮겨주었다. 녀석은 옆 세무사 주차장 단풍나무 밑 화단에 살던 녀석일지 모른다. 어쩌다 녀석은 풀잎과 이슬, 꽃향기를 벗어나 자연미 하나 없는 시멘트 바닥을 뒹구는 것일까. 메뚜기목의 독특한 울음을 운다는 여치는 알을 얻기 위해 흙을 찾는다는데 시멘트 바닥을 흙바닥인 줄 오인해서 벌어진 사태였을까, 막연한 심증만 간다. 그 순간 왜 생뚱맞게 남편이 만났다는 그 아이가 떠오른 것일까.

-〈여치〉 중에서 -

이 수필의 주축을 이루고 있는 것은 인간적 향내다. 향기는 수필을 수필답게 한다. 이운순 수필에서의 인간적 향내는 비단 이 수필뿐만 아니다. 거의 모든 작품에 다 깔려있다. 수필은 체험을 문학적으로 또는 논리적으로 잘 표현했다고 해서 그 모습이 완성되고, 인생의 한 단면을 진통과 고뇌로 감싸 안았다고 해서 문학적 가치를 확보하게 되는 것은 아니다. 수필은 본질적 특성에 부합하는 고백이 녹아 있어서 인간의 향내를 내어야 하고, 이를 구현하기 위한 작가의 숨결과 체취가 드러나야만 수필로서의 가치를 인정받게 되는 것이다. 이 수필의 가치는 인간 본질에 대한 탐구다.

하루는 중학생 남자가 다가와 집에 갈 차비를 달라고 하기에 작가의 남편은 인간적으로 몇천 원을 주었는데, 집에 갈 차비가 없었던 게 아니고 이 녀석이 상습적으로 사기를 쳐서 돈을 얻어낸다는 걸 알고 허탈해 하는 남편의 모습을 포착해서 수필화했다. 이 수필에서의 압권은 그 아이를 '여치'로 치환한 데 있다. 집으로 가지 않고 상처 입은 몸으로 오락실을 헤매는 그 아이를 보고 작가는 초가을 아침 집 앞 청소를 나갔다가 골목에 나뒹구는 연둣빛 풀벌레, 여름 풀밭에서 '찌르르~찌르르~' 울어대는 여치를 떠올렸다. 여치의 처지와 그 아이의 상황이 절묘하게 어울려 제재간의 상관화를 이루고 주제의 구현에 이바지하였다. 넌지시 사회비판의 현미경을 갖다 대는 작가의식이 엿보이는 수필이다.

2. 주제와 제재의 상관성

이운순 수필의 특징이라면, 한마디로 주제와 제재의 상관성을 통해 미적 감흥을 불러일으키는 데 있다. 이는 이운순 수필이 단순한 체험의 나열이나 기록이 아니라 체험의 문학적 형상화로 승화된 글이라는 의미다. 수필이 자기 고백적이고 체험적 문학이다 보니 본 것을 실감의 유리 없이 그대로 전달하는 수준에 머물러서는 문학이라 할 수 없을 것이다. 문학으로서 또 예술로서 가져야 할 전달차단성이 주는 수준 높은 미적 쾌감을 줄 수 없기 때문이다. 따라서 수필가는 독자에게 연상과 상상을 불러일으키는 상관성 있는 제재를 선택하고 그 제재와 자신의 체험을 버무려 그 속에 주제를 구현하는 전략을 세워야 한다. 이때 필수적으로 고려해야 하는 것이 제재와 주제의 상관성이다. 이런 측면에서 이운순 수필은 문학적 성취가 빛난다 하겠다.

봄 햇살을 받은 사진 속 항아리가 그녀의 눈물을 닮아 더욱 반짝인다. 둥싯둥싯 새 생명을 잉태한 임산부 같은 모습이라서 더 정겨운 항아리, 윤이 나도록 닦고 또 닦아 반들반들 윤이 나는 항아리는 어머니들의 자존심이었다. 그 안에 품고 있던 어머니의 사랑, 마술 같은 어머니의 단지가 그녀의 손길로 다시 웃는다. 추억에 잠겨 울컥했던 그녀도 어머니 항아리처럼 다시 웃게 되리라. 부지런한 그녀는 또 어떤 마술을 부려 항아리를 채우고 어떤 나눔을 할지 자못 기대가 된다.

- 〈항아리〉 중에서 -

작가의 수원 친구가 노옥을 지키던 친정동생에게서 받았다는 항아리 속에는 어머니의 헌신이 담겨 있어서 감동을 준다. 이운순은 항아리를 통해 어머니의 사랑을 건져내는 데 성공하고 있다. 이 수필은 항아리 이야기로부터 어머니의 헌신과 전통을 발견해나가는 과정을 수필화한 것이다. 거울을 들여다보듯 항아리를 들여다보며 자신의 어머니를 그리워하는 것은 순수를 위한 걸음이라고 할 수 있다. 항아리를 통해서 어머니의 자존심을 발견하고, 어머니의 사랑을 찾는 데 작가는 주저하지 않는다. 우리 시대 아픔의 문학적 수용은 보편성의 공감을 얻기 위해 필수적이다. 고통과 시련 중에 있는 사람들에게 위로와 희망을 안겨주며 돌파구를 찾도록 해야 하는 것이 수필가의 당연한 자세다.

위 작품에서 볼 수 있듯이 이운순은 무엇보다도 미학적 장치를 적극적으로 수용한다. 건강과 아름다움을 손짓하는 문학의 임무를 다하려는 작가인 것이다. 따라서 이운순의 경우, 작가가 관심을 가지고 있는 것이면 모든 것이 수필감이 된다. 그러나 소재에서 얻는 경이와 충격만으로 수필이 되지 않는다. 제재에 의미를 부여해야 한다. 수필의 출발점이 제재이고 결승점이 그것의 의미화이기 때문이다. 주제의식을 제재와 연결시켜내는 것이 수필의 문예화인데, 지금까지 이운순은 이를 잘 소화해내고 있는 것으로 판단된다. 이 작품은 마지막에 가서 어머니의 사랑과 전통의 가치를 항아리에 건져내다가 빈 항아리의 공간을 생각해 내어 다시 항아리에서 '나눔'의 가치를 발견해내었다는 점이 돋보인다. 전통과 사랑을 다시 나눔으로 치환했다는 데서 문학적 성취가 빛난다고 하겠다.

노동의 신성함을 나타내는 문구 중에 '일하지 않는 자 먹지도 말라'는 말은 왠지 청년실업자, 직업을 찾지 못한 이들에게 터무니없는 위화감을 주고 일침을 가하는 상징적인 격언 같아 왠지 마음이 무겁다. 백수가 되고 싶어 되는 사람이 세상에 있을까, 사상 유례가 없는 작금의 청년 실업률을 대할 때마다 가슴이 시려온다. 열심히 일하는 사람이 가장 아름답다는 것에 누가 이의를 달 것인가. 프랑스의 평론가 보브나르그는 '노동에서 얻은 열매는 모든 쾌락 중에서 가장 맛있다'는 말로 일하는 즐거움을 단적으로 표현했고 독일의 정치가 비스마르크는 '일하라, 더욱 일하라, 끝까지 일하라' 강력한 세 마디를 청년들에게 권고했다니 모든 삶의 기준을 노동으로 귀결 지었다고 하겠다.

- 〈물맴이〉 중에서 -

인간에 대한 애정이 박제된 수필은 어디에도 존재할 수 없다. 수필은 인간학으로 인간을 향한 순수한 애정의 편린이기 때문이다. 바라보는 이와 대상 사이에 애정이 있느냐 없느냐에 따라 대상은 온기와 냉기를 품는다. 이운순의 수필은 애정을 키우는 우리다. 뭘 하는 건지 확실히 자신들의 정체를 밝히지 않고 길거리에서 지나가는 사람을 붙잡고, "종교 얘기 아니니 한번 자신의 이야기를 들어봐 달라"고 하는 젊은이들을 작가는 "햇살 머금은 물웅덩이 그 수면을 쉬지 않고 배회하는 물맴이들을 떠올리게 한다"고 하고 있다.

한창 경제활동을 해야 할 젊은이들이 왜 이런 일에 시간을 빼앗기고 있을까 하는 의문으로부터 작가는 노동의 가치를 들추어낸다. 그러니 '물맴이'란 제재는 주제를 쉽게 예측할 수 있는 소재에 속한다고 볼 수 없다. 무조긴 유사성이 있어야 좋은 건 아니다. 작가는 낯설게 하기를 통한 참신성을 획득하고 글의 문학성을 높이기 위해서 물 밖 세상을 알지 못하고 물 위를 떠도는 '물맴이'를 그 청년들에 견준 것이다. 철학적 품위와 냉철한 비판력이 감동은 이 수필의 자연스러운 문단 짜임이나 사건에 의미를 부여하는 작업, 문단구성, 주제를 매력적으로 상기시키는 결말의 여운적인 처리 등, 형식면의 능숙한 솜씨도 작가의 의도대로 독자를 이끌어갈 수 있는 힘으로 작용한다. 이런 성격의 수필들은 이운순을 인문적 태도를 지향하면서 더불어 사는 자세를 가진 작가라는 것을 증명해준다고 하겠다.

3. 끈끈한 혈연의 연대성

인간의 역사는 발전적으로 진보한다는 게 나의 소신이다. 역사 발전은 진보적 가치와 동행한다고 보는 것이다. 인간의 문명사 역시 마찬가지다. 돌이켜 보면, '갈고 다듬음'의 역사다. 마치 문학을 '변형과 보수'라고 하는 것도 같은 이치다. 인간은 끊임없이 처음 것을 좀 더 낫게 갈고 다듬어 문명을 일구어 왔다. 우리가 쓰고 있는 생활도구들 중 어느 것 하나 처음 만들어진 것보다 더 성능이 좋고, 더 아름답고 더 정교하게 품위 있게 변하지 않은 것이 없다. 인간의 지식과 안목은 언제나 이처럼 그의 창조물을 조금씩 수준 높게 만들었다. 이운순의 예도 이와 조금도 다르지 않다. 제1집 〈비타민이 열리는 나무〉 보다 더 좋은 글들, 더 문학적인 성취가 빛나는 글들이라는 것을 확인할 수 있었다. 수필도 마찬가지다. 등단을 한 사람이 쓴 수필 중에도 아닌 수필이 범람하고 있는 현실이다. 세 번째 이운순 수필의 범주는 끈끈한 혈연의 연대성 위에 구축된 따뜻한 인간애라 하겠다.

가난한 선비요 농부이신 나의 선친을 따라 평생 농부의 아내로 살아온 어머니는 씨감자 쪼개는 것을 시작으로 밭작물의 씨앗을 준비한다. 완두콩, 강낭콩, 옥수수, 수수, 흰콩, 서리태, 적두, 녹두 등의 알곡과 고추상추, 열무, 얼갈이, 파, 아욱 같은 야채들을 자급자족해야 했으니 얼굴이 검게 그을리도록 어머니는 밭일에 매달렸다. 텃밭이 없던 우리집은 오리에 가까운 벌판을 가로질러 그 길을 어머니는 수도 없이 오갔으리라. 씨앗을 뿌리고 가꾸며 가족의 먹을거리를 조달해야 했던 어머니는 모두가 잠든 밤이면 앓는 소리가 새어 나왔다. 부끄러운 나의 졸저『비타민이 열리는 나무』에 삽입된「비타민제제와 아주 오랜 추억」에서 나는 밤마다 끙끙 앓던 어머니 요통에 담긴 슬픈 추억을 고백한 바 있다. 백오십도 못 미칠 작고 가녀린 몸에 영양 상태인들 좋았을까만 어머니의 걸음은 언제나 나는 듯 가벼웠다.

-〈어머니의 봄〉중에서 -

사랑하는 한 사람의 일상사에 담긴 추억이 긍정적이며 낙관적인 인생관과 버무려져 탄생한 이 작품은 병약하지만 특유의 강단으로 엄동을 보내고 새순이 돋아나고 초록으로 대지가 물들면 기운을 차린다는 어머니를 봄에 견주어 풀어내었다. 봄이 되면 산나물을 채취해서 가족들의 반찬으로 내어놓고, 진달래를 따서 진달래술을 만들어 남편에게 내어놓는 재미에 사는 어머니의 삶을 '봄'으로 잘 의미화했다. 건조한 도시에 갇혀 살다 보면, 자연의 소중한 가치와 의미를 생각해 볼 때가 많다. 송화를 채집해서 가루를 얻는 것도 어머니의 낙이었다. 산나물을 채취하면서 느꼈던 삶의 기쁨과 그런 즐거움의 시간을 빼앗겼을 때의 비애를 통해서 작가는 어머니가 주는 산나물과 가까이 지낼 때, 얼마만큼의 행복을 느낄 수 있는지를 통감하고 있다.

주제화 전략 차원에서 이 작품의 가장 돋보이는 것은 어머니의 이미지를 모기를 쫓아주던 젊은 어머니의 소리, 어머니의 다듬이 소리로 치환한 데 있다. 작가는 이러한 정서적 환기를 야기하는 문장을 의도적으로 사용하여 독자들이 문장에 오래 머무는 시간을 늘려준다. 독자들이 문장에 오래 머물수록 작가의 창작의도는 보다 깊고 진실하게 포착되기 때문이다. 우리에게 진정으로 필요한 것은 잔잔한 감동을 만들어낼 수 있는 이 끈끈한 혈연의 연대가 아니겠는가. 순수한 연모와 향기나는 모성애보다 더 가치 있고 아름다운 것이 이 세상에 어디 있겠는가. 자식들을 위한 모정에 산나물을 채취하길 좋아했던 어머니를 그리워하는 모습이 아름답기 그지없다.

내가 사랑하는 또 다른 '움'이 있다. 내가 나고 자란 마을에 6.70년대 50여 호 작은 마을에는 죽은 가지에 새순이 돋듯 새롭게 둥지를 튼 여인들이 많았다. 戰後 남편을 잃은 아픈 상처를 딛고 젊은 여인들이 새 삶을 찾아 스며들었다. 그녀들은 피난생활과 질병으로 아내를 잃은 홀아비에게 재가를 해왔다. 저마다 비슷비슷한 사연 하나씩 안고 살아가는 그녀들이 '움'이었다. 시대 상황이 그러해도 유교적 성향이 팽배했으니 시선은 따가웠다. 연지곤지 가마 타고 시집온 조강지처들의 따가운 눈총과 팔자가 드세 이부종사 한다는 선입견까지 더해 그녀들의 고통은 배가되었으리라. 산업화 이전의 공장도 없을 때이니 아이 딸린 과수댁들이 홑몸으로 살아가기가 얼마나 모질고 힘들었을까. 부잣집에서 남의집살이를 했다고 해도 그마저도 친척들의 알음알음으로 상급학교를 포기한 십 대 소녀들에게 자리를 내어주었으니 어쩌면 재가는 생을 이어갈 유일한 자구책이었을 것이다.

- 〈움〉 중에서 -

수필은 작가가 체험한 소재를 대상으로 심오한 통찰을 통해서 획득한 심미적이고 철학적인 깨달음의 고백이라는 점에서 시대적 역사적 상황에 대한 인식이 필요할 것이다. 이 수필도 종국에는 작가의 어머니가 화제의 인물이다. 1960~70년대 전후 어려운 시기에 전쟁의 피난살이와 질병으로 아내를 잃은 홀아비에게 재가를 해왔던 여인들의 이야기다. 아마 작가의 어머니도 그런 여인 중의 한 분이었던 것으로 파악된다. 따라서 '움'의 창작의도는 이런 가혹한 운명의 여인들에게 생의 욕망을 깨우기 위한 사명감에서, '움'을 객관적 상관물로 설정하여 고백담의 형식을 빌어 어머니의 옹골진 삶을 문학적으로 형상화하는 데 있다고 하겠다. 움의 끈질긴 삶의 방식과 인고의 미덕에 대한 천착은 어머니에 대한 이해이자 사모 그리고 용서를 비는 의식이 아닐 수 없다.

이 작품은 이운순의 수필답게 그녀의 다른 작품에서는 볼 수 없는 다양한 미적 장치를 사용하여 울림통을 디자인했다. 한마디로 수필의 맛과 품격을 격조 있게 보여준다고 하겠다. 그리고 이 수필은 당대의 역사적 상황과 시대 환경에 대한 작가의 깨달음을 문학적으로 구현했다. 집필과정에서 소재를 어떻게 재구성하여 들려주는가의 문제는 이야기의 흥미진작은 물론 문학성과 미적 감동을 극대화하기 위한 중요한 틀 짜기 전략이다. 따라서 제재인 '움'은 근원적으로 우리가 다가갈 수밖에 없는 영원한 방향이다. 자연을 삶의 모태로 설정하여, 그것의 표상인 '움'을 세 가지 차원으로 전개, 어머니의 삶과 닿게 했다는 점에서 매우 성공적인 구성전략이라 하겠다. '움'은 상처를 끈질기게 극복해낸 이 땅 어머니에게 바치는 사모곡이자 숨겨진 가족사의 고백이라 하겠다.

4. 순수와 우주적 인간애

'아닌' 수필가가 많은 수필지형에서 본격수필가를 만나는 것은 평자에게 행운이 아닐 수 없다. 수필은 '누구나'의 글이 아니고 '누군가'의 글이다. 여기서 '누군가'는 본격수필시학을 배운 수필가를 의미한다. 이운순 작가는 무엇을 써야 한다는 시각에서 벗어나 어떻게 써야 수필이 된다는 것을 알고 수필을 써왔다. 좀 더 완전한 수필, 문학성이 있는 수필을 쓰기 위해서 이운순 작가는 무엇을 어떻게 해야 하는지 배우고 익히는 데 게을리하지 않았다. 이운순 작가는 에세이문예로 등단하여, 포천문협 수필분과 위원장, 한국본격문학가협회 이사, 한국문인협회 회원으로 활동하면서 본격수필 과정을 사이버로 배우고 나서도, 포천에서 서울까지 와서 정독도서관 수필교실에서 본격수필시학에 대해 공부하는 등, 수년을 오직 본격수필을 쓰기 위해 성실하게 문학수업을 받아온 분이다. 마지막으로 몸속에 해맑은 수액이 흐르고 있는 이운순 수필의 특징은 문학의 사회적 요구를 우선시했던 작가정신 위에 핀 화해의 미학에 있다고 하겠다.

평소 교수님께서 힘주어 역설하시는 '수필은 화해의 문학'이라는 정의를 나는 유독 좋아한다. 나 또한 부모님과의 진정한 화해 역시도 수필을 함으로서 완결 지었다고 말할 수 있다. 부모님을 향한 존경의 마음이 결코 가식이라고 할 수는 없다. 그것은 부모님을 존경하는 것과는 또 다른 별개의 감정이었다. 단지 철없던 시절의 감정을 돌아보면, 부끄럽지만 사랑보다 늙어가는 부모님께 갖는 연민이었을 것이다. 서울수필공부방 칠십대 시니어수강생 고백도 그랬다. 일 잘하는 맏며느리를 원했을 시어머니, 그러나 일을 젬병이요 공부만 했던 자신이 마음에 들었을 리 없을 거라는 이해도 수필을 만남으로서 결과를 얻었으며, 비로소 시어머니와의 진성한 화해가 이루어졌노라 고백한바 있다.

- 〈포천에 물들다〉 중에서 -

고향은 그 의미와 상징성이 무궁하여 많은 작가들에게 끊임없는 창작의 모티프가 되고 있다. 고향은 작가에게 원형적 심상이다. 그만큼 고향의 의미와 스펙트럼이 다양하고 심오하여 작가들의 영원한 탐구목표가 된 지 오래다. 이운순에게도 예외일 수 없었으리라 본다. 철학적 측면에서 고향은 인간의 물리적, 정신적, 영적 뿌리로서의 상징성이 강하고, 토포필리아 속에서 생성되는 역사성과 철학성을 갖는다. 따라서 고향은 모든 인간에게 이니시에이션적 의미를 제공하고 일생 동안 끊임없이 환기되는 것이다. 우리 문학의 주제로 가장 많이 사용되고 있는 토포필리아를 터치하고 있는 작품으로 휴머니티가 돋보인다. 이 작품의 문학적 성취는 다른 작가들이 들려주지 않은 방식으로 이야기를 개성 있게 전개함으로써 빛을 발한다. 이 수필의 강점은 전략적인 전개라 할 수 있겠다. 도회 생활을 하다가 시어머니의 건강상 문제로 남편 고향으로 귀향한 지 오래지 않은 표천문예대학에 등록한 한 예비 수필가에 초점을 두어 전개되어 오다가, 종국에는 수필문학이 주는 치유 효과로 귀결지어 수필을 화해와 연결시켜 풀어내었다.

화해의 문학으로써 수필의 특성을 구체화하기 위해 그녀가 인용한 화자는 세 사람이다. 자신을 포함해서 포천문예대학에 수강한 수필애호가. 그리고 서울 서대문 수필반의 모 작가다. 앞선 예화에서 보여주었던 여인들처럼 작가는 수필 쓰기를 통해 '화해에 도달할 수 있다는 점을 예로 보여주었다. 수필 속에는 작가의 수필에 대한 애정이 녹아 있어 든든함을 느낄 수 있다. 작가에게 고향 이야기는 단순히 돌아가야 할 귀향적 크로노토프가 아니라 화해를 이끌어내는 인간적 가치라는 점에서 철학적 의미를 갖는다. 그것은 인간들이 세속에 살면서 잃어버린 인간적 순수성과 우주적 인간애를 회복시켜주는 영원한 행위로도 인식된다. 이 작품의 쾌미는 인간으로서의 고유한 체온을 느끼게 하는 인간미가 이루어낸 결실이라고 할 수 있다. 구성상의 전략도 돋보이는데, 결말부 단락 '포천'의 영어발음에 의거, '행운의 여신'으로 해석하여 고향에 의미를 부여함에 있어서 방법론적인 지혜를 제시한 것은, 주제의 상상화를 통해 여운을 남겨두려는 차원에서 성공적이었다고 할 수 있다.

그리고 또 다른 그녀 유예숙 작가가 말한다. 수필의 이론을 집대성한 교수님의 명강의와 열정을 만나면서, 사진작가로서 자연과 사물을 렌즈에 담았듯이, 또 자신을 지지해주는 남편과 아이들 자신을 사랑하는 사람들에게 누가되지 않는 작가가 되겠노라 다짐한다. 다짐을 피력하고 밀양을 찾아 열심히 노력하겠다는 그녀, 그러고 보니 수일 전 울먹일 때도 같은 이야기를 했던 것 같다. 그녀는 영화 '밀양'을 이야기하는 것일까, 앞이 안 보이는 어려운 환경에서도 실낱같은 희망을 간절하게 찾는다는 긍정의 빛, 희망을 꿈꾸는 그녀를 응원한다. '밀양(密陽)' 슬픔 속에서도 그 안에 따뜻한 인정과 햇볕 같은 웃음이 숨어 있다'는 속뜻처럼 나도 누군가에게 밀양이 될 수 있기를 바람 해본다. 많은 갈림길에서 같은 길목에 선 인연을 소중하게 이어갈 수 있기를 소망하고,

숨겨진 작은 빛을 찾아 밝고 따사로운 '밀양'을 찾기 위한 노력을 하겠다는 그녀의 진정성을 나는 믿는다.

- 〈밀양〉 중에서 -

문예대학 수료식과 수필가로 데뷔하여 신인상 시상식에 즈음하여 있었던 사건에서 아이디어를 얻어 수필화한 작품으로 어려운 현실에서 자신을 지지해주는 남편과 아이들 자신을 사랑하는 사람들에게 누가되지 않는 작가가 되리라고 다짐하는 후배 등단작가와 신인상을 통해 새로운 길에 들어선 자신을 위해 한복을 기꺼이 입었다고 하는 동갑내기 문단 후배의 당찬 도전과 문인으로서의 출발에 작가는 자신이 누군가에게 밀양이 되었으면 좋겠다는 희망을 갖는다. 이 작품의 매력을 주제의 의미화 전략에서 살펴보자. '앞이 안 보이는 어려운 환경에서도 실낱같은 희망을 간절하게 찾는다'는 긍정의 빛, 희망을 꿈꾸는 그녀를 응원하면서, 작가는 소망에 이어서 '밀양, 슬픔 속에서도 그 안에 따뜻한 인정과 햇볕 같은 웃음이 숨어 있다.'는 밀양의 속뜻을 놓는다. '밀양'이라는 속뜻에 주제를 살짝 감추어 두는 솜씨가 일품이다. 제재에 대한 참신한 인식의 문학적 형상화가 매우 돋보일 뿐만 아니라 작가의 해석능력 또한 눈길을 끈다.

주제의식의 구체화를 위해 전략적으로 결말부 단락이 주제를 함축적으로 나타나게 했다는 점도 좋다. '희망을 꿈꾸는 누군가에게는 작은 바늘구멍도 큰 힘이 되리라. 따뜻한 말 한마디에 힘을 없듯이 잡아주는 손끝에 담긴 온기로 버틸 힘과 용기를 찾는다면 더 바람이 없으리라. 작은 밀양을 찾아 노력하겠다는 그녀를 응원한다'라는 진술이 주제를 간접화하고 있다. 주제 간접화를 위한 작가의 노력으로 미뤄볼 때, 이 분은 수필의 본격적 틀을 알고 있음이 분명하다고 하겠다. '작은 밀양을 찾아 노력하겠다는 나는 그녀를 응원한다'는 표현에 녹아 있는 언표 내적 의미를 곱씹어 음미해 보는 재미가 고급 독자들에게는 제법 쏠쏠할 것 같다. 문학을 품고 살아가는 따뜻한 모습에 대한 정취를 느끼게 하는 글이다. 살아가는 방법에 점점 익숙해지면서, 삶의 희망을 갖고 살아가는 것이 중요하다는 것을 일러주는 맛있는 수필이기도 하다.

III. 산나물 같은 여인의 글을 보내며

지금까지 자신의 모습을 진정한 자아의 영토에서 낮추는 작가, 이운순 수필을 구조미학적 관점에서 네 가지 범주로 나누어 살펴보았다. 이로써 일상적인 소재를 제재로 변용시켜 주제표현의 매개로 삼겠다는 수필가의 의지와 제재를 찾아내는 날카로운 시선이 본격수필을 쓸 수 있게 하는 바탕이 되었다는 것을 알 수 있었다. 이운순은 경험을 있었던 이야기로만 풀어내거나 경험을 문학적 사건으로 변용시켜 체험으로 활용하면서 참신한 변주나 색다른 전략으로 주제를 의미화해 냄으로써 독자에게 문학적 감동을 안겨주었다. 수필은 '제재로 주제를 겨냥하는 문학이다'라는 수필시학을 바탕으로 그녀는 주제를 나타내기 위해 어떤 것이 가장 적재인지 고르는 눈을 갖고, 수필적 사유를 통해 형이하학적인 정보를 형이상학인 의미체로 승화시켜 편편이 본격수필의 옷을 입고 있다.

해석이 구체적 사물이나 사건의 의미 읽기라면 형상화는 추상적인 개념을 구체화시키는 것이며, 더 나아가서 구체적 사물을 더 감각적으로 강화하는 것이다. 작가가 하나의 문학작품이 성공하느냐 그러지 못하느냐 하는 것은 이 형상화에 의해 결정된다는 사실에 주목했기 때문에 이 형상화 과정에 초점을 두고 제재를 선정하고 제목을 정했다고 하겠다. 해석만 있고 형상화가 없으면 관념적인 글이 되고 말지만, 영롱한 빛살들로 가득찬 그리움의 세계를 가진 작가, 이운순 글은 해석과 형상화가 함께 어우러져 감동이 배가 되는 것이다. 이때, 형상화는 이미지를 통해 지배적인 인상을 드러내며 감각화된 세계를 보여주게 된다. 이운순의 결말은 비유와 상징을 통해 제재에 내재한 기의의 세계를 지향한다는 점에서, 이미지라는 기표 안에 기의를 감추고 있다. 번쩍이는 영혼의 스파크, 몰려드는 문예성의 파도로 압축되는 대다수 작품이 모두 이 감각화 과정을 거치고 있다.

본고에서 다룬 수필들은 수필집에서 뽑은 가작이다. 이들 작품은 정의 문학인 수필의 주제 지향성을 잘 살린 작품들도 있고, 지성인의 문학으로서 사회의식을 잘 살린 작품도 있다. 수필의 갈래가 주제적 양식이라고 볼 때, 수필은 주제를 내면화하는 글이기 때문에, 작품에 문학성을 부여하려면, 제목은 주제의식을 함축하거나 상징하는 제재로 설정하는 것이 가장 바람직하다. 이운순의 수필들은 주제를 잘 함축하고 있는 제목을 설정하여 더욱 문학성을 드높이고 있다는 점에서 높이 평가된다. 대체적으로 제목은 선글라스다. 선글라스만 끼면 인물평가에 있어서 거의 50%는 따고 들어간다. 산나물 같은 여인으로 불리는 이운순이 지금과 같은 언어적 감수성으로 또 본격수필시학으로 수필을 써낸다면, 끝없는 인내와 묵묵한 도전으로 작가의 길을 걸어간다면 머지않아 더 큰 작가로 성장하리라 믿는다.